Lange-Fricke

Energy-Booster

Iris Lange-Fricke hat ihr Hobby zum Beruf gemacht. Schon als Kind verbrachte sie mehr Zeit in der Küche als auf dem Spielplatz und wusste früh, dass sie irgendwann Köchin werden möchte. Während der Lehrzeit hatte sie nicht nur Spaß daran, mit Lebensmitteln zu arbeiten, sondern wollte auch ganz genau wissen, welche Inhaltsstoffe sich in Obst, Gemüse und Getreide verstecken und was sie im Körper bewirken – also entschloss sie sich, Ernährungswissenschaften zu studieren. Neben der Theorie hat sie die Praxis dabei nie aus den Augen verloren und verbindet nun als Ernährungsberaterin ihre Praxiserfahrungen und ihr Küchenwissen mit theoretischem Fachwissen. Nebenbei arbeitet sie als Rezeptentwicklerin und kreiert dabei nicht nur Leckeres aus Fleisch, Fisch und Gemüse – sondern auch allerlei Flüssiges mit dem besonderen Gesundheits-Kick!

Iris Lange-Fricke

Energy-Booster

Power-Drinks für jeden Tag

TRIAS

7 **Liebe Leserin, lieber Leser!**

9 Trinken – tut gut!

10 **Fit, gesund, schlank ...**
10 Was Wasser kann
11 Power aus dem Glas
11 Die gute Brühe
14 Trinktrends aus Tasse und Glas
17 Obst und Gemüse trinken
18 Kurz und klein – Mixen und Entsaften
18 Qual der Wahl: Entsafter
20 Fermentieren

25 Gemixt und gerührt

27 **Zellenschrubber**
28 4 Detox-Zutaten

43 **Kilokiller**
44 4 Zutaten zum Abnehmen

57 **Powerbringer**
58 4 Power-Zutaten

71 **Gesundmacher**
72 4 heilende Zutaten

85 **Fitnessbooster**
86 4 Booster-Zutaten

98 **Register**

Liebe Leserin, lieber Leser!

Ich gestehe: Mein Lieblingsgetränk ist Wasser. Damit starte ich in den Tag, um meinen Durst zu löschen und meine Zellen mit Feuchtigkeit zu versorgen. Es gehört bei mir dazu wie das Zähneputzen. Das Getränk begleitet mich den ganzen Tag. Ob im Büro, zu Hause zum Essen oder unterwegs. So behalte ich einen klaren Kopf. Habe ich das Trinken vergessen, merke ich das ganz schnell durch Müdigkeit und Kopfschmerzen.

Aber tagaus, tagein nur Wasser wird irgendwann öde, selbst mir als erklärtem Wasserjunkie geht das so. Zum Glück gibt es noch so viele andere Durstlöscher, die dem Körper sogar noch mehr bieten, als es das simple Wasser tut. Da werde auch ich liebend gerne mal abtrünnig und genieße zwischendurch mit Muße den ein oder anderen supergesunden Drink, den ich mir selber mit frischen Zutaten mixe. Dabei auch noch zu wissen, dass mein Körper mit wichtigen Stoffen versorgt wird, und die Power am eigenen Körper zu spüren ist ein nicht zu verachtender Nebeneffekt – und wenn das Ganze noch lecker schmeckt: genial! Wollen Sie auch mal probieren? Ich habe in diesem Buch für Sie viele Rezepte für Drinks zusammengestellt, die Spaß machen und Ihnen richtig guttun werden.

Viel Freude beim Mixen, Entsaften, Rühren und Genießen wünscht Ihnen

Iris Lange-Fricke

Trinken – tut gut!

Aber das ist nicht alles:
Ohne Flüssigkeitszufuhr geht's überhaupt nicht.

Fit, gesund, schlank ...

... wollen wir alle sein. Das können Sie mit ausreichender Flüssigkeitszufuhr erreichen!

Dass Trinken notwendig ist, weiß jeder. Aber wissen Sie auch, wie sehr? Wir können zwar Wochen oder sogar Monate ohne Essen auskommen, aber ohne Flüssigkeit keine 3 Tage überleben. Deshalb benötigen wir regelmäßig Flüssigkeit, am besten in Form von einfachem Wasser, als Kräutertees oder Saftschorlen. Aber nicht nur Getränke, sondern auch Suppen, Brühen und wasserreiche Lebensmittel wie Melone, Gurke und viele andere tragen zur Flüssigkeitszufuhr bei. Je nach Alter und Körpergröße ist 1 Liter Wasser täglich das Minimum, ein Erwachsener braucht 1,5 bis 2 Liter am Tag – bei körperlicher Anstrengung auch deutlich mehr.

Was Wasser kann

Wenn Flüssigkeit fehlt, zeigt sich das schnell mit Kopfschmerzen, Konzentrationsschwäche und Müdigkeit. Also schnell das Defizit ausgleichen, denn reichlich Trinken macht gesund, fit und leistungsfähig! Giftstoffe werden gut ausgeleitet, wichtige Nährstoffe im Blut transportiert und die Entgiftungsorgane durchgespült. Auch der Stoffwechsel und die Verdauung werden angeregt und – wie eine Studie der Berliner Charité feststellt – der Körper verbrennt pro Tag bis zu 200 Kalorien mehr. Denn eine hohe Wasserzufuhr erhöht den Kalorienverbrauch und regt damit Stoffwechsel und Fettverbrennung an.

Power aus dem Glas

Überzeugt? Dann legen Sie Ihren Fokus doch auf die gesunden flüssigen Genüsse und trinken Sie Gesundheit. Klar, es macht auch Spaß, die Kaumuskeln zu beanspruchen, aber auch Flüssiges kann uns als Mahlzeitenersatz oder Snack mit Mineralstoffen nach dem Sport, mit Vitaminen bei einer Erkältung oder mit geballtem Eiweiß für unsere Muskeln versorgen. Vor allem so einfach!

Es ist toll, wie viel in ein Glas alles reinpasst. Oder könnten Sie in 30 Sekunden 1 Banane, 2 Äpfel und 1 Handvoll Spinat essen, am besten noch gleichzeitig?

Als Smoothie oder Saft rutscht das flugs und ohne große Umstände in den Magen und die Nährstoffe stehen der Verdauung schon optimal zur Verfügung. So sind in geballter Form reichlich Stoffe enthalten, die unser Körper braucht, wie Kohlenhydrate, Eiweiße, Fette, Vitamine, Mineralstoffe, Ballaststoffe und sekundäre Pflanzenstoffe. Besonders die Kombination verschiedener Zutaten kann deren Wirkungen verstärken und unterstützen.

Die Rezepte in diesem Buch sind nach Bedürfnissen sortiert. Ob bei Ihnen Detox ansteht, Sie ein paar Pfunde loswerden wollen, einen Energieschub nötig haben, gesünder oder fitter werden wollen: Für jeden Bedarf gibt es eine große Rezeptauswahl. Von Smoothies und Säften bis hin zu Shakes, Drinks, Kaffeegetränken, Tees, Brühen und Suppen. Süß und herzhaft. Ab ins Glas damit.

Die gute Brühe

Schon meine Oma kannte die Wirkung einer guten Brühe und kochte besonders in der kalten Jahreszeit reichlich Fonds aus Gemüse und Knochen. Das Gebräu verabreichte sie mir, wenn ich erkältet war oder gefroren habe. Schon der erste Löffel

der warmen Brühe löste in meinem Körper eine innere Zufriedenheit aus. Großmutter wusste intuitiv, welches wertvolle Powerpaket sie mir da mitgab: Die Mineralstoffe und Fette aus Gemüse, Knochen und Kräutern pushen das Immunsystem und spenden Energie. Besonders Zink, das in Knochen und Fleisch enthalten ist, hat eine wichtige Funktion, denn es ist bei der Aktivierung von Immunprozessen beteiligt, fördert die Wundheilung und stärkt das Immunsystem. Kollagen aus den Knochen kann Gelenkschmerzen lindern. Kalium, Magnesium und Phosphor aus Gemüse sollen durch spezielle Aminosäureverbindungen heilungsfördernd und entzündungshemmend wirken. Kalium lässt außerdem den Blutdruck sinken und

Die sollte man immer auf Vorrat haben

Grundrezept Brühe

Für 1 l

Ca. 2 Stunden

- 1 Bund Suppengrün (Möhren, Lauch, Sellerie, Petersilie, Petersilienwurzel)
- 1 Zwiebel
- 2 Lorbeerblätter
- je 4 Pimentkörner, Pfefferkörner, Gewürznelken und Kardamomkapseln
- 1 TL Meersalz
- außerdem für Fleischbrühe: 800 g Rinder- oder Hühnerknochen (vom Bio-Metzger)
- außerdem für Gemüsebrühe: je 1 Thymian- und Rosmarinzweig

● Suppengrün putzen und klein schneiden. Zwiebel schälen und klein schneiden. Alle Zutaten mit etwa 1,5 l kaltem Wasser in einem Topf geben, bis alles bedeckt ist. Zum Kochen bringen, dann die Hitze reduzieren und bei schwacher Hitze ca. 2 Stunden köcheln lassen. Den entstandenen Schaum mit einer Schaumkelle abschöpfen.

● Brühe durch ein Sieb oder Tuch gießen und die Flüssigkeit auffangen. Brühe ggf. entfetten, noch einmal aufkochen und in sterilisierte Schraubgläser gießen, verschließen, auf den Kopf stellen und abkühlen lassen. So hält die Brühe einige Wochen.

wirkt beruhigend. Magnesium dämpft die Folgen von Stresshormonen, was uns ausgeglichener macht. Zudem wird durch heiße Brühe das Schwitzen angeregt, was wiederum Erkältungen entgegenwirken kann. Werden Chili, Kurkuma und Ingwer verwendet, kommen ordentliche Scharfstoffe und ätherische Öle dazu, die noch mehr einheizen, den Stoffwechsel und die Fettverbrennung anregen.

Trinktrends aus Tasse und Glas

Aromenwasser

Nur Wasser ist auf Dauer etwas langweilig? Entweder mit einem Spritzer Zitronen- oder Orangensaft oder mit anderen Aromen aufpeppen. Das kann geschmacklich und optisch toll werden. Hier ein paar leckere Kombis, jeweils für 500 ml Wasser:

Basilikum-Ananas-Wasser: 1 Handvoll Johannisbeeren, 50 g Ananas, 5 Basilikumblättchen, einige dünn geschnittene Ingwerscheiben

Blaues Lavendelwasser: 1 Handvoll Brombeeren oder Heidelbeeren, einige Lavendelblüten

Erdbeer-Minz-Wasser: 1 Handvoll Erdbeeren (halbiert oder geviertelt), 5 Kiwischeiben, 4 Limettenscheiben, einige Minzeblättchen

Melonen-Thymian-Wasser: 100 g Wassermelonenwürfel, 4 Limettenscheiben, 4 Gurkenscheiben, Thymian

Zitronen-Ingwer-Wasser: 4 Zitronenscheiben, einige dünne Ingwerscheiben

Gurken-Zitronenmelisse-Wasser: 4 Gurkenscheiben, 4 Zitronenscheiben, 5 Zitronenmelisseblättchen, einige dünn geschnittene Ingwerscheiben

Granatapfel-Salbei-Wasser: 2 EL Granatapfelkerne, 4 Zitronenscheiben, 3 Salbeiblättchen

Bulletproof-Coffee

Mit dem kugelsicheren Kaffee, wie er übersetzt heißt, halten Sie sich Schlappheit wirksam vom Leib. Und simpel zubereitet ist das cremige und kalorienreiche Getränk, das auch mal ein Frühstück ersetzen kann, ebenfalls. Das Koffein macht wach und fördert die Konzentration, was durch das Fett noch verstärkt werden soll. Die mittelkettigen Triglyceride aus dem

Trinktipps

- Leitungswasser wird in Deutschland sehr gut kontrolliert und ist wunderbar zum Trinken geeignet. Geld und das leidige Kästenschleppen spart es auch noch.
- Stilles Wasser bläht den Bauch nicht so auf wie stark kohlensäurehaltiges.
- Mineralstoffgehalt beachten: Kalziumreiches Wasser hat beispielsweise mehr als 150 mg Kalzium pro Liter.
- Saftschorlen schmecken abwechslungsreicher mit anderen Säften als dem üblichen Apfelsaft. Wie wäre es mal mit Maracuja, Rhabarber oder Kirsche?
- Bei sportlicher Betätigung und Hitze mehr trinken. 3 bis 3,5 Liter sollten es, je nach Anstrengung, dann schon sein.
- Immer vor dem Durst trinken, denn der ist schon Zeichen für Flüssigkeitsmangel.
- 2 bis 3 Tassen Kaffee oder schwarzen Tee dürfen Sie in Ihre tägliche Flüssigkeitsbilanz einrechnen.

Kokosöl gelangen ohne Umwege in die Leber und geben schnell Energie. Denn es verlängert den Wachmachereffekt durch die langsamere Aufnahme des Koffeins ins Blut und es hält länger satt. Doch aufgepasst! Lieber langsam und mit einer kleinen Fettmenge beginnen und schrittweise erhöhen. Achten Sie darauf, wie Ihr Körper darauf reagiert, denn er muss sich erst einmal darauf einstellen, die Energie direkt aus dem Fett zu beziehen. Zudem ist ein Zuviel an Fett schwer verdaulich und kann zu Magen-Darm-Problemen führen. (Das Rezept finden Sie auf Seite 64)

Cold Brew

Noch eine besondere Art des Kaffeebrühens: die Cold-Brew-Coffee-Methode, die einen sehr mild schmeckenden Kaffee erzeugt, weil weniger Bitter-, Gerb- und Röststoffe herausgelöst werden. Damit ist dieser Kaffee auch magenschonend. Für 2 Portionen gibt man 75 g fein gemahlenen Kaffee in ein Schraubglas oder einen Messbecher mit 1 l Fassungsvermögen und verrührt ihn mit 350 ml abgekochtem Wasser. Zuschrauben oder mit einer Folie abdecken und 12 Stunden oder über Nacht bei Zimmertemperatur zie-

hen lassen. Wer den Kaffee nicht gleich trinkt, kann das gefilterte Kaffeekonzentrat bis zu 5 Tage im Kühlschrank aufbewahren. Zum Trinken noch einmal mit der gleichen Menge kaltem Wasser verdünnen oder im Sommer mit Wasser, Eiswürfeln und etwas Milch oder Vanilleeis servieren.

Obst und Gemüse trinken

Mit Säften, Smoothies und Shakes rutscht die tägliche gesunde Portion Obst und Gemüse wie von selbst in den Magen, außerdem sättigen die Kraftpakete durch die vielen Ballaststoffe bestens. Eine Mahlzeit täglich durch einen Drink zu ersetzen kann überflüssige Pfunde verschwinden lassen und die Verdauung entlasten. Bei der Zutatenauswahl sind Bio-Produkte top. Kaufen Sie nur erntefrisch und knackig aussehende Lebensmittel. Bio-Ware müssen Sie auch nicht schälen, weil in der Schale weniger Schadstoffe enthalten sind. Bestens, denn da stecken die meisten Vitamine und Mineralstoffe drin. Mit Superfoods wie Chiasamen, Matcha, Nüssen, Ingwer, Grünkohl, Gerstengras, Leinsamen oder Kakao geben Sie noch einen zusätzlichen Gesundheitskick obendrauf.

Tipp: Legen Sie mal zwischendurch zur Entlastung einen Saft- oder Smoothietag ein, das heißt, genießen Sie am Tag bis zu 5 Säfte oder Smoothies à 300 ml anstelle der Mahlzeiten. Zwischendurch reichlich Wasser und Kräutertee trinken.

Besser selber machen

Säfte und Smoothies aus dem Supermarkt sind meist teuer, können zusätzlichen Zucker, Zusatzstoffe, Konservierungsmittel und Aromen enthalten, sind

7 Top-Argumente für frische Säfte und Smoothies

- Sie liefern Energie, Vitamine, Mineralstoffe und sekundäre Pflanzenstoffe.
- Sie sind gut verdaulich und leicht bekömmlich.
- Sie entgiften und stärken das Immunsystem.
- Sie können den Kilos an den Kragen gehen.
- Sie können den Stoffwechsel ankurbeln.
- Sie machen satt ...
- ... und sie schmecken lecker.

wärmebehandelt und werden häufig aus dem Konzentrat hergestellt und nicht aus dem Direktsaft. Wenn das nicht mehr als genug Argumente für das Selbermachen sind! Sie kriegen das gesünder und preisgünstiger hin.

Kurz und klein – Mixen und Entsaften

Nicht jede Frucht kann man in den Entsafter bzw. Mixer packen. Beispielsweise sind Bananen, Avocados und andere sehr weiche Obstsorten nicht zum Entsaften geeignet, dafür aber super für den Mixer als Zutat für leckere Smoothies.

Wollen Sie auf Vorrat pressen oder mixen, dann können Sie den Saft oder Smoothie luftdicht verschlossen im Kühlschrank 2 bis 3 Tage aufbewahren. Auch für unterwegs sind Säfte und Smoothies gut geeignet. Zum Transport eignen sich dunkle Glasflaschen.

Übrigens: Das Fruchtfleisch (Trester), das beim Entsaften anfällt, ist kein Abfall. Es kann für Suppen, Brühen, Kuchen, Muffins, Pfannkuchen, Waffeln oder als Füllung für Auberginen oder Paprikaschoten verwendet werden.

Qual der Wahl: Entsafter

Grundsätzlich kann man zwischen der langsamen Saftpresse, die elektronisch oder mechanisch funktioniert, und dem Zentrifugen-Entsafter unterscheiden.

Zentrifugen-Entsafter

Obst und Gemüse werden mit mehreren 1 000 Umdrehungen pro Minute gegen ein Sieb geschleudert, der Saft wird dabei durchgepresst. Durch einen hohen Sauerstoffeintrag kommt es zu schneller Oxidation und es setzt sich viel Schaum ab. Die Methode ist schnell, aufwendiges Schnibbeln entfällt, denn durch die meist großen Einfüllstutzen passen ganze Äpfel, Birnen oder Gurken. Diese Geräte sind schon für unter 100 Euro zu haben.

Saftpresse

Die Früchte werden mit schonenden Umdrehungen zu Brei gequetscht und dann durch ein Sieb gepresst. Etwas zeitaufwendig, aber dafür höhere Saftausbeute, besonders, wenn Obst und Gemüse in Stücke geschnitten werden. Durch weniger Lufteinwirbelungen gibt es weniger Oxidation; zudem entsteht weniger Hitze. Das führt dazu , dass die Farbe erhalten

Das macht sich gut im Mixer:

Obst	Gemüse	Kräuter, Gewürze u. a.
Äpfel	Rote Bete	Minze
Birnen	Möhren	Petersilie
Kiwis (geschält)	Grünkohl	Koriander
Mangos (entkernt und geschält)	Brokkoli	Ingwer
Ananas (geschält)	Spinat	Aloe Vera
Kakis	Feldsalat und andere Salate	Kurkuma
Melonen (geschält)	Gurken	Chili
Weintrauben	Tomaten	Chiasamen
Zitrusfrüchte (geschält)	Paprika	Kokoswasser
Beerenobst	Kürbis (je nach Sorte geschält)	Honig
Papaya (entkernt und geschält)	Sellerie	Leinsamen

bleibt, es entsteht weniger Schaum, Nährstoff- und Enzymverlust sind gering. Mit einigen Geräten lassen sich auch Smoothies zubereiten und der Fruchtfleischgehalt bestimmen. Nachteil: Sie sind mit mehreren 100 Euro teuer.

Mit Stumpf und Stiel: Smoothies

Smoothies punkten gegenüber Säften mit einem höheren Ballaststoffgehalt, denn Obst und Gemüse werden mit allem Drum und Dran püriert. Dazu braucht man einen Mixer, am besten ein Hochleistungsgerät. Aber für den Anfang reicht ein einfacher Standmixer oder ein Pürierstab. Zum Vorbereiten sind nur ein Messer und ein Schneidbrett nötig.

Es gilt die Fifty-fifty-Faustregel: 50 Prozent frisches Blattgrün oder anderes Gemüse und 50 Prozent reifes Obst sowie Wasser oder Kokoswasser. Äpfel, Birnen und Co. braucht man weder zu schälen noch zu entkernen, denn es stecken viel gute Stoffe darin. Bio-Produkte sind erste Wahl. Neben Gemüse und Obst können auch Trockenobst, Ingwer, Nüsse, Mandelmus etc. in den Mixer. Besonders am Anfang, wenn noch etwas mehr Süße gewünscht wird, sind getrocknete Datteln zum Verfeinern klasse. Ein paar Tropfen Öl wie Walnuss-, Sesam- oder Leinöl unterstützen die Nährstoffaufnahme im Körper.

Übrigens: Wer keinen Entsafter besitzt, findet im Rezeptteil für den Großteil der Saftrezepte alternative Zubereitungsarten, mit denen sich Smoothies herstellen lassen.

Fermentieren

Fermentieren ist keine Eintagsfliege unter den Foodtrends, denn fermentierte Lebensmittel und Getränke können beim Abnehmen und Detoxen helfen. Probiotische Bakterien bringen die Darmflora ins Gleichgewicht, stärken das Immunsystem, zügeln den Appetit und fördern die Verdauung – und mit einem gesunden Darm kann das Gewicht besser reguliert werden. Was will man mehr!

Das Prinzip der Fermentation ist ein seit Jahrhunderten angewandter Verarbeitungsprozess, bei dem Zucker von Enzy-

Fruktose

Reine Obstsäfte oder -smoothies enthalten neben den guten Inhaltsstoffen auch reichlich Fruktose in konzentrierter Form. Diese Zuckerart kann in größeren Mengen zu Verdauungsproblemen und erhöhten Blutzuckerwerten führen sowie sich auf dem Kalorienkonto niederschlagen. Bei einem Fruktose-Overload können sich die Leber- und Triglyceridwerte im Blut erhöhen, da Fruktose in der Leber in Fett umgewandelt und dort gespeichert wird. Und ein Zuviel an Zucker kann die Entstehung von Harnsäure in der Leber ankurbeln und damit auch die Purinwerte erhöhen. Werden Früchte in Kombination mit Milchprodukten, Haferflocken, Nüssen oder Avocados aufgenommen, verzögert sich die Fruktose-Aufnahme und ihr negativer Einfluss ist geringer. Eine andere Lösung: Erhöhen Sie den Gemüseanteil!

men und natürlichen Mikroorganismen zu anderen Stoffen um- oder abgebaut wird. Die Haltbarkeit, die Heilwirkung und der Geschmack können sich ändern. Sauermilchprodukte wie Joghurt oder Kefir sind echte Klassiker, Kombucha oder Rejuvelac dagegen eher Trendgetränke.

Was passiert bei der Fermentation? Ein Grundlebensmittel – für Sauermilchprodukte ist es logischerweise Milch, für Kombucha Tee – wird mit speziellen Mikroorganismen versetzt, daraufhin verwandeln Milchsäurebakterien im Lebensmittel vorhandenen Zucker und Stärke zu Milchsäure. Milch wird dadurch dick. Die entstehende Milchsäure verursacht das säuerliche Aroma. Sauermilchprodukte sind besonders eiweiß- und kalziumreich, wirken durch die Milchsäurebakterien positiv auf die Verdauung und halten die Darmflora in Balance.

Hinweis: Der Gehalt an Alkohol, Koffein und ggf. Zucker in fermentierten Getränken sollte von gefährdeten Personengruppen beachtet werden.

Kefir

Für Milchkefir wird Milch mit einem Kefirpilz versetzt. Diese sorgen dafür, dass der Milchzucker vergoren wird und sich das schwer verdauliche Kasein zersetzt. Dabei entstehen Kohlensäure, Milchsäure und eine winzige Spur Alkohol. All das sorgt für den säuerlich-erfrischenden Geschmack. Schafs- sowie laktosefreie Milch und Pflanzendrinks eignen sich ebenfalls. Mit Wasser oder Kokoswasser anstatt der Milch lässt sich Wasserkefir herstellen. Beide Kefirsorten haben alle Vorteile der fermentierten Produkte für den Darm. Milchkefir ist übrigens auch bei Laktoseintoleranz geeignet. Er schmeckt pur mit Eiswürfeln, im Müsli oder Smoothie oder als Basis für eine kalte Suppe.

Milchkefir selber machen

In Bioläden, Reformhäusern oder dem Internet bekommt man das Ferment als Pulver oder den Kefirpilze als Knolle.

- 500 ml Milch oder Pflanzendrink in einem Topf zum Kochen bringen, um evtl. vorhandene Keime abzutöten. Auf Zimmertemperatur abkühlen lassen und in ein Gärgefäß füllen, z. B. eine Milchflasche aus Glas mit Schraubdeckel. Anschließend den Kefirpilz oder das Ferment (gut vermischen!) zugeben.
- Flasche oder Glas nicht zu fest verschließen und 24 bis 48 Stunden bei 20 bis 24 Grad ruhig und lichtgeschützt stehen lassen. Wer eine Knolle verwen-

det, siebt die Flüssigkeit durch ein Sieb ab, fängt die Knollen auf und gibt die Flüssigkeit in ein anderes Gefäß.
- Im Kühlschrank 12 Stunden reifen lassen. Er hält sich bis zu 10 Tage.
- Kefirpilz kurz mit lauwarmem Wasser vorsichtig abspülen, dann ist er für neuen Kefir wieder einsatzbereit.

Wasserkefir selber machen
- Circa 8 gehäufte EL (ca. 80 g) Rohrohrzucker in 1 l Wasser oder Kokoswasser in einem großen Gefäß auflösen.
- 3 EL (30 g) reine Wasserkefir-Kristalle (im Internet erhältlich) und 20 bis 30 g ungeschwefeltes Trockenobst wie Feigen, Rosinen oder Aprikosen sowie 1 Bio-Zitrone in Scheiben dazugeben.
- Das Gefäß nicht zu fest verschließen, sodass die entstehende Kohlensäure entweichen kann, und 24 bis 72 Stunden an einem lichtgeschützten, warmen und ruhigen Ort stehen lassen.
- Die Flüssigkeit durch ein Plastiksieb geben, die Kristalle auffangen und die Flüssigkeit in ein anderes Gefäß geben.
- Im Kühlschrank 12 Stunden reifen lassen. Dort hält sich der Wasserkefir einige Tage.
- Die Kristalle kurz mit kaltem oder lauwarmem Wasser abspülen. Dann sind sie wieder einsatzbereit.

Tipp: Ideale Gärgefäße sind Gläser, Tontöpfe oder Porzellangefäße. Metall ist ungeeignet, da es mit Säure und Salz reagiert. Probieren Sie statt normalem Wasser auch Kokoswasser, Birkenwasser, Saft oder Wasser mit Kohlensäure.

Kombucha

Kombucha ist ein fermentiertes Tee-Getränk, das als vielseitiges Heilmittel angepriesen wird. Wirklich belegt ist aber lediglich, dass er wegen der Essig- und Milchsäure leicht abführend und antibakteriell wirkt. Zudem hat Kombucha eine positive Auswirkung auf die Darmflora. Die Basis ist gezuckerter Tee, dem der gallertartige Kombuchapilz zugegeben wird. Er vergärt den Zucker und es entsteht ein mostartiges und kohlensäurehaltiges Getränk, das außerdem Essig-, Milch- und Gluconsäure sowie eine Spur Alkohol enthält. Kombucha kann ebenso viel Zucker enthalten wie Limonade. An einen Pilz zu kommen ist manchmal gar nicht so einfach. In einigen Bioläden oder Reformhäusern und auch über das Internet ist er erhältlich.

Kombucha selber machen

Wichtig: Hygiene! Hände, Gefäße und Materialien gut reinigen. Bei Schimmel-

bildung oder einer Veränderung von Farbe und Geruch müssen Sie die gesamte Kultur wegwerfen.

- 1 Liter Wasser und 8 bis 10 g losen Tee (schwarzen, grünen oder Roibosh) kochen. 10 bis 15 Minuten ziehen lassen.
- 80 bis 100 g Zucker zugeben, auflösen und abkühlen lassen.
- Kombuchapilz und 100 ml Ansatzflüssigkeit in das Gefäß geben und den Tee damit auffüllen. Mit einem Tuch und einem Gummiring verschließen.
- 6 bis 10 Tage bei ca. 20 Grad an einem lichtgeschützten, warmen und ruhigen Ort stehen lassen. Ab dem 5. Tag eine Geschmacksprobe machen.
- Die Flüssigkeit durch ein Plastiksieb geben, Kombuchapilz auffangen und die Flüssigkeit in ein anderes sauberes Gefäß geben. Pilz unter fließendem Wasser (nicht heiß) abwaschen.
- Mindestens 10 Prozent (bei 1 Liter 100 ml) des fertigen Kombuchas dient zusammen mit dem Pilz als Ansatzflüssigkeit für die nächste Kultur.
- Gefäß zuschrauben, noch einmal 1 bis 2 Tage bei Zimmertemperatur stehen lassen. Der Pilz bildet Kohlensäure und das Getränk wird spritzig. Im Kühlschrank hält er 1 bis 2 Wochen.

Gemixt und gerührt

Hier kommen sie, die Powerrezepte für Smoothies, Säfte und andere flüssige Genüsse.

Zellen-schrubber

Es beim Feiern so richtig krachen zu lassen – das musste einfach mal sein. Oder der Stress hat überhandgenommen und Sie hatten einfach keine Zeit, gesund zu leben. Jedenfalls ist jetzt der Zeitpunkt für Detox-Drinks gekommen. Die spenden Ihnen neue Energie und schrubben Ihre Zellen von innen. Ihre Zutaten helfen, mit massig Mineralstoffen, Vitaminen und sekundären Pflanzenstoffen, den Körper zu entwässern, zu reinigen, die Verdauung zu entlasten und den Abtransport der Giftstoffe vorzubereiten. Sie werden sehen: Sie fühlen sich leichter. Starten Sie am besten gleich eine dreitägige Detox-Kur. In dieser Zeit nehmen Sie statt Ihrer gewohnten Mahlzeiten jeweils einen Detox-Drink zu sich. Jetzt ist eine hohe Flüssigkeitszufuhr von 2 bis 3 Litern Wasser, Tee und Brühe täglich wichtig. Dafür verzichten Sie konsequent auf ungesundes Essen. Trinken Sie morgens und mittags Drinks mit einem höheren Obstanteil und abends mit mehr Gemüse oder eine Brühe. Zu viel Fruktose und rohes Obst werden dann schlechter verdaut. Und mit mehr Gemüse steigt der Blutzuckerspiegel weniger schnell an und die Fettverbrennung ist im vollen Gange.

« Firestarter, Seite 39

4 Detox-Zutaten

Kurkuma

Nicht nur mit ihrer kräftig gelben Farbe gibt Kurkuma Power ins Essen. Mit ihrem würzigen, leicht scharfen und bitteren Aroma hat sie auch eine positive Wirkung auf den Körper. Ihre Inhaltsstoffe wirken entzündungshemmend, zellschützend, helfen bei Magen-Darm-Beschwerden und unterstützen die Fettverbrennung. Das gelbe Gewürz fördert die Verdauungsorgane bei der Aufspaltung von Kohlenhydraten und bringt einen müden Stoffwechsel wieder auf Trab.

Koriander

Kraut oder Samen – Koriander hat verschiedene Facetten. Das zarte Kraut schmeckt intensiv, würzig und leicht seifig. Es peppt viele Drinks und Speisen auf und sollte erst am Ende der Garzeit zum Essen gegeben werden. Die Samen dagegen haben ein herb-süßliches Aroma und verfeinern Drinks, Smoothies und Suppen. Das in den Früchten reichlich und den Blättern etwas weniger enthaltene ätherische Öl wirkt antibakteriell, krampflösend und kann Blähungen und Völlegefühl entgegenwirken. Koriander hat zudem eine hohe entgiftende Wirkung.

Ananas

Die exotische Frucht liefert viele Vitamine, Mineralstoffe und Spurenelemente und ist ideal zum Detoxen. Die enthaltenen B-Vitamine stärken Nerven und Organe und sie sorgen für schöne Haut und Haare. Durch den hohen Wasser- und Kohlenhydratgehalt kurbelt die Ananas den Stoffwechsel und die Serotonin-Bildung an – das macht gute Laune. Das enthaltene Enzym Bromelain spaltet Eiweiß und unterstützt die Verdauung. Es soll außerdem schädliche Bakterien im Darm abtöten und so die Darmflora ins Gleichgewicht bringen.

Salatgurke

Wasser marsch: Das geht am besten mit einer Gurke. 97 Prozent Wasser stecken in dem Fruchtgemüse. So wirkt es sehr erfrischend und enthält dabei geringe 12 kcal auf 100 Gramm. Trotzdem sind in der Gurke viele Mineralstoffe wie Kalium, Eisen und Folsäure sowie Vitamin C enthalten. Der hohe Kaliumgehalt wirkt sich positiv auf den Blutdruck aus, wirkt beruhigend und stresshemmend. Salatgurken schwemmen Giftstoffe aus dem Körper und tragen zur Flüssigkeitszufuhr bei. Sie schmecken nicht nur im Salat, sondern sind auch als Smoothie, zu Saft gepresst oder in kalten Suppen der Renner.

Kräutertee mit Ingwer

Ingwer-Nessel-Tässchen

Für 2 Personen

5 Min. + 10 Min. Ziehzeit

3 cm frischer Ingwer • 1 frischer Brennnesselstängel oder 1 EL getrocknete Brennnesselblätter (Apotheke) • 2 frische Pfefferminzstängel • 1 TL grüne Teeblätter (z. B. Jasmin)

- Den Ingwer in Scheiben schneiden und in einen Krug geben. Ingwer, Kräuter und Tee mit 500 ml kochendem Wasser aufgießen und ca. 10 Min. ziehen lassen.

- Durch ein feines Sieb in 2 Gläser geben und heiß oder kalt trinken.

Minz-Koriander-Tee

Kraut für Kraut

Für 1 l

5 Min. + 10 Min. Ziehzeit

1 TL Koriandersamen • 3 frische Pfefferminzstängel • 3 frische Korianderstängel • 1 EL getrocknete Brennnesselblätter (Apotheke) • 1 EL frisch gepresster Limettensaft

- Koriandersamen im Mörser leicht zerstoßen und mit den Kräutern in einen Krug geben. Mit 1 l kochendem Wasser aufgießen und ca. 10 Min. ziehen lassen.

- Durch ein feines Sieb geben und mit Limettensaft heiß oder kalt trinken.

Molken-Smoothie mit Aloe Vera

Glowing Fruits

Für 2 Personen
10 Min.

1 Orange • 100 g Ananas • ¼ Bio-Salatgurke • 2 Selleriestangen • 1 TL Chiasamen • 300 ml Naturmolke • 50 ml Aloe-Vera-Saft

- Orange und Ananas schälen und in Stücke schneiden, Gurke und Sellerie ebenfalls in Stücke schneiden.

- Alles zusammen mit Chiasamen, Molke und Aloe-Vera-Saft in den Standmixer geben, fein pürieren und in 2 große Gläser füllen.

Tipp Statt mit Chiasamen schmeckt der Smoothie auch mit dem heimischen Superfood Leinsamen. Diese enthalten ebenfalls reichlich Omega-3-Fettsäuren und Ballaststoffe.

Fruchtig-würziger Smoothie

Kale ’n’ Pear

Für 2 Personen
10 Min.

1 cm frischer Ingwer • 1 Orange • 1 Birne • 2 Grünkohlblätter • 1 TL geschroteter Leinsamen • Saft von 1 Limette • 300 ml Kokoswasser

- Ingwer und Orange schälen und in Stücke schneiden. Birne und Grünkohl ebenfalls klein schneiden.

- Alle Zutaten zusammen im Standmixer fein pürieren. In 2 große Gläser füllen.

Variante Ist gerade keine Grünkohlsaison, schmeckt der Smoothie auch mit Spinat, Wirsing oder Fenchel.

Tipp Grünkohl ist ideal zum Entgiften, denn er ist ein echtes Vitamin-C-Wunder. In 100 g ist doppelt so viel von diesem Vitamin enthalten wie in Zitronen. Vitamin C stärkt unser Immunsystem und wirkt antioxidativ.

Möhren-Apfel-Saft mit Chia

Basenbecher

Für 2 Personen

⏱ 10 Min. + 30 Min. Quellzeit

2 Möhren • 2 Äpfel • 1 Bio-Salatgurke • 100 g Feldsalat • 1 EL Chiasamen

- Alles bis auf die Chiasamen zusammen entsaften, dann mit den Chiasamen vermischen.

- 15–30 Minuten quellen lassen und gelegentlich rühren, bis die Chiasamen aufgequollen sind.

Variante Wenn Sie keinen Entsafter besitzen, verwenden Sie statt der Möhren 150 ml Möhrensaft und pürieren alle Zutaten – so bekommen Sie einen Smoothie.

Ingwer-Kurkuma-Tee

Knollenpower

Für 2 Personen

⏱ 5 Min. + 10 Min. Ziehzeit

2 cm frischer Ingwer • 1 cm frische Kurkumaknolle (Bioladen) • ½ Bio-Limette • 1 TL Agavendicksaft

- Ingwer und Kurkuma in Scheiben, Limette in Stücke schneiden. In 2 große Becher geben, mit 500 ml kochendem Wasser aufgießen und ca. 10 Min ziehen lassen.

- Durch ein feines Sieb geben und heiß oder kalt mit dem Dicksaft gesüßt trinken.

Tipp Mit ein paar Blättchen Zitronenmelisse oder Minze wird's noch frischer.

Fruchtig-frischer Smoothie

Zitrus-Apfel

Für 2 Personen

10 Min.

2 getrocknete Datteln ohne Stein • 2 Äpfel • 1 Handvoll Feldsalat • 4 Zitronenmelissestängel • 400 ml Apfelsaft • 1 TL frisch gepresster Zitronensaft

- Datteln klein schneiden. Äpfel entkernen und in Stücke schneiden. Alles zusammen mit 2 Zitronenmelissestängeln, dem Apfel- und Zitronensaft im Standmixer fein pürieren.

- In 2 Gläser füllen und mit je 1 Zitronenmelissenstängel dekorieren.

Saft mit Tomate und Spinat

Booster grün-rot

Für 2 Personen

10 Min.

1 cm frischer Ingwer • 5 Tomaten • 100 g Spinat • 1 TL Olivenöl • 1 Prise Chiliflocken • Meersalz • frisch gemahlener schwarzer Pfeffer

- Ingwer, Tomaten und Spinat nach Bedarf in Stücke schneiden. Mit dem Entsafter entsaften.

- Mit dem Öl und den Gewürzen abschmecken und in 2 Gläser füllen.

Variante Wenn Sie keinen Entsafter besitzen, bereiten Sie die Zutaten wie oben beschrieben zu und pürieren sie mit 150–200 ml Wasser – so bekommen Sie einen Smoothie.

Mit Roter Bete und Aktivkohle

Dunkle Macht

Für 2 Personen

10 Min.

1 vorgegarte Rote Bete • 125 g Heidelbeeren • 1 Msp. Aktivkohle • 250 ml schwarzer Johannisbeersaft

- Rote Bete klein schneiden.
- Rote Bete, Heidelbeeren, Aktivkohle und schwarzen Johannisbeersaft zusammen in den Standmixer geben und fein pürieren.
- In 2 große Gläser füllen.

Tipp Aktivkohle ist ein altes Hausmittel, das man anwendete, wenn man Giftiges gegessen hatte sowie bei Magen-Darm-Problemen. Die Kohle bindet Giftstoffe und transportiert sie aus dem Körper. Medizinische Aktivkohle gibt es in der Apotheke als Pulver oder in Kapseln zu kaufen. Übertreiben Sie es aber nicht, denn die Kohle bindet auch Nährstoffe, die der Körper nicht mehr aufnehmen kann, und kann außerdem die Wirkung von Medikamenten behindern.

Saft mit Grünkohl und Aktivkohle

Dark but fruity

Für 2 Personen

10 Min.

1 Handvoll Grünkohl • 2 Äpfel • 1 Birne • 1 Orange • 2 Kiwis • 1 Msp. gemahlene Vanille • 1 Msp. Aktivkohle

- Grünkohl, Apfel und Birne ggf. in Stücke schneiden. Orange und Kiwis schälen.
- Gemüse und Obst zusammen entsaften.
- Vanillepulver und Aktivkohle einrühren und den Saft in 2 große Gläser füllen.

Variante Wenn Sie keinen Entsafter besitzen, bereiten Sie die Zutaten wie oben beschrieben zu und pürieren sie mit 150–200 ml Wasser – so bekommen Sie einen Smoothie.

» Dunkle Macht

Kurkuma-Milch mit Ingwer

Wellnessmilch

Für 2 Personen

10 Min.

1 cm frischer Ingwer • 1 TL Kokosöl • 1 TL gemahlene Kurkuma • 400 ml Kuhmilch oder Mandeldrink • 1 Prise Zimt • 1 EL Honig

- Ingwer schälen und ganz fein hacken. Das Öl in einem kleinen Topf erhitzen und den Ingwer zusammen mit dem Kurkumagewürz darin kurz anschwitzen.

- 50 ml Wasser zugeben und rühren, bis eine Paste entsteht.

- Die Milch zugießen, umrühren, erhitzen und einige Minuten ziehen lassen.

- Mit Zimt und Honig abschmecken und in 2 Gläsern oder Tassen servieren.

Tipp Natives Kokosöl ist ein rein natürliches Pflanzenfett, das keine gehärteten Fette enthält. Deshalb sollte man beim Einkauf auf ein kalt gepresstes natives Kokosöl, idealerweise in Bio-Qualität achten. Das hat die beste Qualität und ist sogar fair gehandelt erhältlich.

Kalte Gurken-Buttermilch-Suppe

Lecker vom Löffel

Für 2 Personen

15 Min.

1 Bio-Salatgurke • 1 Knoblauchzehe • 2 cm frischer Ingwer • 500 ml gekühlte Buttermilch • 4 Korianderstängel • 1 TL frisch gepresster Zitronensaft • 1 Prise Chiliflocken • Meersalz • frisch gemahlener schwarzer Pfeffer

- Gurkenenden abschneiden und die Gurke würfeln. Knoblauch und Ingwer schälen und in kleine Stücke schneiden.

- Gurke, Knoblauch, Ingwer, Buttermilch, Koriander und Zitronensaft mit einem Stabmixer pürieren.

- Die Suppe mit den Gewürzen abschmecken und in 2 großen Gläsern servieren.

» Lecker vom Löffel

Fruchtiger Saft mit Petersilie

Brokkoli-Ananas

Für 2 Personen

10 Min.

½ Brokkoli • Fruchtfleisch von ½ Ananas • 2 Äpfel • ½ Bio-Salatgurke • 3 Petersilienstängel • frisch gepresster Saft von ½ Zitrone • 1 TL Leinöl

- Gemüse, Obst und Petersilie nach Bedarf in Stücke schneiden. Alles entsaften.

- Zitronensaft und Öl einrühren und in 2 große Gläser füllen.

Variante Wenn Sie keinen Entsafter besitzen, bereiten Sie die Zutaten wie oben beschrieben zu und pürieren sie mit 150 ml Wasser – so bekommen Sie einen Smoothie.

Tipp Brokkoli ist ein Top-Superfood aus heimischen Gefilden. Er enthält jede Menge Detox-Mineralien wie Kalzium, Kalium, Eisen und Vitamin C. Der nussig-würzig schmeckende Brokkoli macht sich gut in Smoothies, Säften und Suppen.

Saft mit feiner Schärfe

Aloa Aloe

Für 2 Personen

10 Min.

1 cm frischer Ingwer • ¼ Rettich • ½ Bio-Salatgurke • 100 g Spinat • 2 Äpfel • frisch gepresster Saft von 1 Limette • 50 ml Aloe-Vera-Saft • 1 TL Leinöl

- Ingwer, Gemüse und Äpfel ggf. in Stücke schneiden. Alles entsaften.

- Limettensaft, Aloe-Vera-Saft und Öl einrühren und in 2 große Gläser füllen.

Variante Statt Rettich können Sie auch Sellerie verwenden. Das Gemüse wirkt entgiftend und entwässernd. Wenn Sie keinen Entsafter besitzen, bereiten Sie die Zutaten wie oben beschrieben zu und pürieren sie mit 150 ml Wasser – so bekommen Sie einen Smoothie.

Scharfer Shot mit Chili

Firestarter

Für ca. 200 ml

10 Min.

2 Tomaten • 1 cm frischer Ingwer • 1 Prise Cayennepfeffer • 1 Prise gemahlene Kurkuma • 50 ml Kokoswasser • 1 TL Agavendicksaft

- Tomaten in Stücke schneiden. Ingwer schälen und in Stücke schneiden.

- Alle Zutaten in den Standmixer geben und fein pürieren. In 2 kleine Gläser geben.

Würzige Gemüsebrühe

Cleansing Broth

Für 1 l

10 Min. + 2 Std. Kochzeit

1 Bund Suppengrün • 1 Zwiebel • 3 cm frischer Ingwer • 2 cm frische Kurkumaknolle • 1 Bund Koriander • 1 Thymianzweig • 1 Rosmarinzweig • 2 Lorbeerblätter • je 4 Piment-, Pfefferkörner, Nelken und Kardamomkapseln • 1 TL Meersalz

- Suppengrün putzen und klein schneiden. Zwiebel schälen und klein schneiden. Ingwer und Kurkuma in Scheiben schneiden. Koriander grob schneiden.

- Alle Zutaten in einen Topf geben und mit ca. 1,5 l kaltem Wasser bedecken. Zum Kochen bringen, dann die Hitze reduzieren und bei schwacher Hitze ca. 2 Stunden köcheln lassen.

- Brühe durch ein Sieb oder Tuch gießen und die Flüssigkeit auffangen. Brühe ggf. entfetten, noch einmal aufkochen und in sterilisierte Schraubgläser gießen. Verschließen, auf den Kopf stellen und abkühlen lassen. So hält die Brühe einige Wochen.

Power mit Kokos-Kefir und Gojibeeren

Ananas-Kokos-Kefir

Zutaten für 2 Personen
10 Min.

100 g Ananas-Fruchtfleisch • 300 ml Kokoswasser-Kefir (siehe Grundrezept, Seite 21) • 1 EL Gojibeeren • 1 EL Honig

- Ananas klein schneiden.

- Ananas, Kokoswasser-Kefir und Gojibeeren in den Standmixer geben und pürieren.

- Mit dem Honig süßen und in 2 große Gläser geben.

Tipp Der Kefir kann zusammen mit dem Obst ein zweites Mal fermentiert werden. Dazu Kokoswasser-Kefir mit Ananas und Gojibeeren in ein Schraubglas füllen und 1–2 Tage an einem warmen Ort stehen lassen. Währenddessen den Deckel ab und zu öffnen, damit das Glas wegen der Gärungsgase nicht in die Luft geht. Kühlen und servieren.

Kefirdrink mit Heidelbeeren

Kefir macht blau

Für 2 Personen
10 Min.

200 g Heidelbeeren (TK oder frisch) • 300 ml Milchkefir (siehe Grundrezept, Seite 21) • 2 getrocknete Datteln ohne Stein

- TK-Heidelbeeren auftauen.

- Heidelbeeren mit Kefir und Datteln in den Standmixer geben und alles cremig pürieren. In 2 große Gläser füllen.

Variante Statt Heidelbeeren Erdbeeren, Himbeeren oder Kirschen verwenden, so bekommen Sie einen roten Kefir.

» Kefir macht blau

Kilokiller

Sie wollen ein paar überflüssige Pölsterchen loswerden? Verflüssigen Sie sie doch! Denn Drinks sind wie geschaffen, um die Pfunde effektiv purzeln zu lassen. Nicht ohne Grund sind Formuladiäten so erfolgreich. Dabei sind diese Pulver zum Anrühren meistens recht teuer und geschmacklich auch noch einseitig. Eine solche Diät scheitert dann womöglich an dem tristen, immer gleichen Geschmack. Mit leckeren Shakes, Säften und Smoothies, die Sie als Mahlzeitenersatz einmal am Tag oder als Kurzzeit-Kur trinken, können Sie mit Genuss abnehmen und immer wieder andere Aromen genießen – das wird garantiert nicht langweilig. Die reichhaltigen Drinks enthalten viele notwendige Vitalstoffe, Kohlenhydrate und Ballaststoffe, die vor Heißhunger schützen, und Eiweiße, die richtig gut sattmachen und die Muskeln nähren.

« Energiesnack, Seite 52

Smoothie mit Avocado und Apfel

Molken-Booster

Für 2 Personen

10 Min.

½ Avocado • 1 Apfel • ¼ Bio-Salatgurke • 1 Orange • ½ Möhre • 250 ml Naturmolke

- Avocadofruchtfleisch mit einem Löffel aus der Schale lösen. Apfel und Gurke klein schneiden. Orange und Möhre schälen und klein schneiden.

- Alles im Standmixer mit der Molke fein pürieren und in 2 Gläser gießen.

Tipp Die Avocado ist zwar eine fettreiche Frucht, sie enthält aber auch wichtige Stoffe wie Vitamin E, ungesättigte Fettsäuren, Folsäure, B-Vitamine und Kalium. Insbesondere das Kalium wirkt blutdrucksenkend und beruhigend. Zusammen mit den B-Vitaminen stärkt sie uns und macht uns stressresistenter. So naschen wir weniger in Stressphasen und können besser abnehmen.

Grüner Smoothie mit Matcha

Stoffwechselkick

Für 2 Personen

10 Min.

200 g Mango • 1 Handvoll Babyspinat • 300 ml Kokoswasser • 1 TL Matchatee-Pulver • 1 EL Cashewkerne

- Mango schälen, das Fruchtfleisch vom Stein schneiden und klein würfeln.

- Mit den restlichen Zutaten in den Standmixer geben und fein pürieren. In 2 große Gläser füllen.

Variante Noch exotischer schmeckt der Smoothie zusätzlich mit 1 TL Kokosflocken, 1 cm frischem Ingwer und 1 EL Limettensaft.

Smoothie mit exotischem Touch

Papaya-Himbeere

Zutaten für 2 Personen

10 Min.

½ Papaya • 100 g frische Himbeeren • 20 g Gojibeeren • 2 EL Instant-Haferflocken • 200 ml frisch gepresster Orangensaft

- Papaya schälen, entkernen und das Fruchtfleisch in Würfel schneiden.
- Alle Zutaten zusammen im Standmixer fein pürieren. In 2 große Gläser füllen.

Tipp Die Papaya ist ein richtiger Schlankmacher. Sie ist reich an dem nach ihr benannten Enzym Papain, das die Eiweißverdauung unterstützt und die Fettverbrennung ankurbelt. Zudem enthält die Frucht reichlich Vitamin C, das für die Produktion von Noradrenalin benötigt wird. Das Hormon hilft dabei, Fett aus den Zellen zu lösen.

Smoothie mit Magerquark

Very Chia-Berry

Für 2 Personen

10 Min.

150 g frische Himbeeren • 200 g Magerquark • 1 TL Chiasamen • 100 ml kohlensäurehaltiges Mineralwasser • 2 getrocknete Datteln ohne Stein

- Alle Zutaten zusammen in den Standmixer geben und fein pürieren. In 2 große Gläser füllen.

Tipp Die leckeren Himbeeren sind, bei gerade einmal 34 Kalorien pro 100 g, ideale Figurschmeichler und für leichte Obsttage gut geeignet.

Sellerie-Birnen-Saft

Sweet Herby

Für 2 Personen

10 Min.

2 Selleriestangen • ½ Bio-Salatgurke • 2 Birnen • 1 Handvoll Koriandergrün • Saft von 1 Limette

- Alle Zutaten bis auf den Limettensaft zusammen entsaften, dann mit dem Limettensaft vermischen. In 2 große Gläser füllen.

Variante Wenn Sie keinen Entsafter besitzen, bereiten Sie die Zutaten wie oben beschrieben zu und pürieren sie mit 150–200 ml Wasser – so bekommen Sie einen Smoothie.

Tipp Verwenden Sie lieber Gurken aus biologischem Anbau, denn die können Sie auch ungeschält verwenden. Sie werden nicht mit synthetischen oder chemischen Pflanzenschutzmitteln gespritzt, die sich besonders in der Schale anreichern würden. Dort stecken aber auch die meisten Vitamine und Mineralstoffe und darum wäre es doch schade. Konventionelles Gemüse sollten sie lieber schälen.

Erfrischender Smoothie

Ginger Melon

Für 2 Personen

10 Min.

200 g Wassermelone • 1 cm frischer Ingwer • 2 Minzestängel • ¼ TL gemahlene Kurkuma • 400 ml kohlensäurehaltiges Mineralwasser • 1 EL frisch gepresster Limettensaft

- Melone schälen und in Stücke schneiden. Ingwer schälen und fein hacken. Minzeblättchen abzupfen.
- Alles mit Kurkuma, Wasser und Limettensaft im Standmixer auf höchster Stufe fein pürieren. In 2 Gläser gießen.

» Sweet Herby

Tomaten-Mango-Saft mit Tabasco

Scharfmacher

Für 2 Personen

10 Min.

½ Mango • 6 Tomaten • 2 Möhren • 2 cm frischer Ingwer • 1 Handvoll Basilikum • 1 Spritzer Tabasco • frisch gepresster Saft von 1 Limette

- Die Mango schälen, das Fruchtfleisch vom Stein schneiden.

- Alle Zutaten bis auf Tabasco und Limettensaft zusammen entsaften und mit Tabasco und Limettensaft abschmecken. In 2 große Gläser füllen.

Variante Wenn Sie keinen Entsafter besitzen, verwenden Sie statt der Möhren 150 ml Möhrensaft und pürieren alle Zutaten – so bekommen Sie einen Smoothie.

Saft aus Gartengemüse

Querbeet

Für 2 Personen

10 Min.

2 Rote Bete • 2 Gelbe Bete • ½ Bio-Salatgurke • 2 Möhren • 2 Äpfel • 1 Handvoll Brunnenkresse

- Rote und Gelbe Bete, Gurke, Möhren und Äpfel nach Bedarf klein schneiden.

- Alle Zutaten zusammen im Entsafter entsaften. In 2 große Gläser füllen.

Variante Statt Brunnenkresse eignet sich auch Gartenkresse oder Rucola. Die leicht bitter und würzig-scharf schmeckenden Blätter der Brunnenkresse enthalten viel Vitamin C und Bitterstoffe wie Senfölglycoside. Brunnenkresse wirkt reinigen und entgiftend.

Gemüsebrühe mit Chiasamen

Cleansing Broth

Für 1 l

2 Std. 40 Min.

1 Bund Suppengrün • 1 Zwiebel • 1 Thymianzweig • 1 Rosmarinzweig • 2 Lorbeerblätter • je 4 Piment-, Pfefferkörner, Nelken und Kardamomkapseln • 1 TL Meersalz • 4 EL Chiasamen

- Suppengrün putzen und klein schneiden. Zwiebel schälen und klein schneiden. Gemüse, Zwiebel, Kräuter und Gewürze in einem Topf geben und 1,5 l kaltes Wasser dazugeben, bis alles bedeckt ist. Topfinhalt zum Kochen bringen. Die Hitze reduzieren und bei kleiner Hitze ca. 2 Stunden köcheln lassen.

- Brühe durch ein Sieb oder Tuch gießen und die Flüssigkeit auffangen. Chiasamen einrühren und ca. 15–20 Minuten quellen lassen. Brühe schluckweise trinken.

Tipp Bei einer Diät täglich 200–400 ml warme Brühe trinken. Sie sättigt gut und kann dem Heißhunger ein Schnippchen schlagen.

Buttermilch mit Haferkleie

Beerige Erfrischung

Für 2 Personen

10 Min.

200 g Erdbeeren (TK oder frisch) • 5 Minzestängel • 500 ml Buttermilch • 60 g zarte Haferflocken • 20 g Haferkleieflocken • 1 Msp. gemahlene Vanille • 1 TL Honig

- TK-Erdbeeren auftauen. Minzeblättchen abzupfen.

- Alle Zutaten mit 100 ml Wasser in den Standmixer geben und cremig pürieren. In 2 große Gläser geben.

Vegane Variante Statt Buttermilch können Sie auch Seidentofu oder Sojajoghurt verwenden, statt Milch Haferdrink und statt Honig Agavendicksaft. Verwenden Sie dann 100 ml mehr Haferdrink, da Seidentofu und Sojajoghurt dicker in der Konsistenz sind.

Kakaodrink mit Leinsamen

Energiesnack

Für 2 Personen

10 Min.

1 Banane • 1 EL stark entöltes Kakaopulver • 500 ml Milch • 4 EL Instant-Haferflocken • 1 EL Leinsamen • 2 getrocknete Datteln ohne Stein

● Banane schälen und klein schneiden. Mit Kakao, Milch, Haferflocken, Leinsamen und Datteln in den Standmixer geben und alles cremig pürieren. In 2 große Gläser geben.

Variante Auch mit Buchweizen- oder Hirseflocken schmeckt der Drink und wird dabei noch zu einem glutenfreien Snack.

Cashew-Mandel-Drink

Süßer Seelenwärmer

Für 2 Personen

5 Min. + 10 Min. Ziehzeit

500 ml Cashewdrink • 1 EL Mandelmus • 1 EL Agavendicksaft • 1 Prise Zimt • 1 Prise gemahlene Vanille

● Cashewdrink, Mandelmus, Agavendicksaft und Gewürze zusammen erhitzen. Den Drink etwa 10 Min. ziehen lassen, in 2 große Gläser oder Becher füllen und heiß servieren.

Tipp Sie finden in Ihrem Supermarkt keinen Cashewdrink? Dann stellen Sie ihn selber her: 150 g Cashewkerne über Nacht in 500 ml Wasser einweichen, dann pürieren und durch ein Sieb oder Mulltuch filtern – fertig. Die aufgefangene Flüssigkeit für den Drink verwenden. Die festen Cashewreste schmecken im Müsli, in Backwaren oder unter Reis oder Couscous gemischt.

» Süßer Seelenwärmer

Warme Erbsensuppe mit Kresse

Greenie Cappuccini

Für 2 Personen

20 Min.

1 mittelgroße Kartoffel • 1 Schalotte • 1 EL Olivenöl • 500 ml Gemüsebrühe • 400 g Erbsen (frisch gepalt oder TK) • 1 TL frisch gepresster Zitronensaft • Meersalz • frisch gemahlener schwarzer Pfeffer • 50 ml Milch • 2 EL Kresse

- Kartoffel und Schalotte schälen und klein schneiden. Das Öl in einem Topf erhitzen und Kartoffel und Schalotte darin kurz andünsten.

- Mit der Gemüsebrühe angießen und ca. 10 Minuten weich garen. Dann die Erbsen zugeben, 5 Minuten weitergaren und mit einem Stabmixer pürieren.

- Suppe mit Zitronensaft, Salz und Pfeffer würzen. Die Milch erhitzen und mit einem Milchaufschäumer oder Stabmixer aufschäumen. Die Suppe in 2 Tassen oder Gläser geben und mit dem Milchschaum sowie mit Kresse bestreut servieren.

Kaltes Tomaten-Mango-Süppchen

Spicy Soup

Für 2 Personen

10 Min.

5 Tomaten • ½ Mango • 2 cm frischer Ingwer • 2 Salbeiblättchen • 2 EL Instant-Haferflocken • Meersalz • frisch gemahlener schwarzer Pfeffer • Cayennepfeffer

- Tomaten putzen und klein schneiden. Mango schälen, Fruchtfleisch vom Stein lösen und ebenfalls klein schneiden. Ingwer schälen und klein schneiden.

- Alle Zutaten bis auf die Gewürze mit 200 ml Wasser im Standmixer fein pürieren. Mit den Gewürzen abschmecken und in 2 große Gläser füllen.

» Spicy Soup

Powerbringer

Schluss mit schlapp! Jetzt füllen Sie Ihre Energiespeicher wieder auf. Die Power-Drinks steigern Ihre Aktivität, verleihen Energie und machen wach. So steigt die Laune ganz von selbst. Sie fühlen sich glücklich, wach und fit. Die kurzen Shots bringen in konzentrierter Form neuen Schwung – mit nur einem Schluck spüren Sie, wie neue Energie in Sie fließt. Und die komplexen Kohlenhydrate aus den Getreidedrinks geben die nötige Energie nur langsam, aber dafür kontinuierlich ab. Der Blutzucker schnellt nicht auf einmal in die Höhe, so bleibt man länger satt und voller Schwung. Mit aktivierenden Zutaten werden der Stoffwechsel und das Gehirn angeregt. Bekommt der Körper regelmäßig Energie, bleiben wir konzentriert und leistungsfähig, fühlen uns gestärkt und können wieder durchstarten.

« Ingwer-Granatapfel-Shot, Seite 60

4 Power-Zutaten

Hafer

Haferflocken sind reich an Eiweiß, Vitamin B_1 und B_6, Eisen und Kalzium. Durch ihre wertvollen Ballaststoffe wirken sie verdauungsanregend und sättigen gut. Studien zeigen, dass sich zudem der in Hafer enthaltene Ballaststoff Beta-Glucan positiv auf den Cholesterinspiegel auswirkt. Hafer ist außerdem sehr gut verdaulich. Insbesondere die Ballaststoffe sorgen dafür, dass die enthaltenen Kohlenhydrate langsamer ins Blut gehen und den Körper somit kontinuierlich mit Energie versorgen.

Maca

Maca, die Pflanze aus dem Hochland Perus, wird schon lange von den Andenbewohnern für mehr Kraft und Ausdauer gegessen. Heute nutzt man weltweit die Wurzel der Pflanze, der die medizinische Forschung positive Effekte auf Fruchtbarkeit, Libido, Stimmung und Gedächtnisleistung bescheinigt. Die Macawurzel besteht aus Stärke, Zucker, lebensnotwendigen Aminosäuren und Fetten. Zudem sind reichlich Vitamine, Mineralstoffe und Spurenelemente enthalten. Darüber hinaus sorgen die sekundären Pflanzenstoffe für eine Stärkung des Immunsystems, gute Laune und Power.

Matcha

Mit seinem Koffein wirkt Matcha lang anhaltend belebend, sorgt für Konzentration und einen klaren Geist. Dabei ist er wegen seines geringen Gerbstoffgehalts bekömmlich und magenschonend. Die Flavonoide mit dem komplizierten Namen Epigallocatechingallate (EGCG) sind durch die Anbaumethode reichlich enthalten. Studien zufolge wirken EGCG entzündungshemmend, schützen vor Krebs und Alzheimer und aktivieren den Fettabbau. Besonders wegen seiner entgiftenden Wirkung ist der Tee sehr beliebt. Schmecken tut er auch als Latte mit Mandelmilch, in Smoothies und Wachmacher-Drinks.

Kakao

Die Kakaobohne und das Pulver daraus sind echtes Superfood. Zwar enthält die Bohne reichlich Fett und Kalorien, aber auch viel Eiweiß und Ballaststoffe. Insbesondere wegen seiner anregenden Wirkung ist Kakao so beliebt. Diese beruht auf seinem Gehalt an Theobromin und etwas Koffein. Außerdem enthält Kakao die Aminosäure Tryptophan, die wichtig für die Bildung von Serotonin ist und so für Glücksgefühle und gute Stimmung sorgt. Wegen der enthaltenen Mineralstoffe wie Magnesium, Kalium und Flavonol wirkt sich Kakao positiv auf Herz, Blutdruck und Kreislauf aus.

Smoothie mit Kombucha

Nussiger Bananen-Smoothie

Für 2 Personen

10 Min.

1 Banane • 4 getrocknete Datteln ohne Stein • 1 EL Cashewmus • 300 ml Kombucha (siehe Grundrezept, Seite 22)

- Banane schälen und klein schneiden. Datteln klein schneiden.

- Bananen, Datteln, Cashewmus und Kombucha in den Standmixer geben und fein pürieren. Den Smoothie in 2 große Gläser füllen.

Tipp Sie haben keine Möglichkeit, Kombucha selbst herzustellen? Dann kaufen Sie das fertige Getränk im Reformhaus oder Bioladen. Bedenken Sie aber, dass selbst hergestellter Kombucha lebende Mikroorganismen hat, während der gekaufte pasteurisiert wurde und diese wichtigen Bakterien nicht mehr enthält. Alternativ können Sie auch Brottrunk oder Kefir verwenden.

Mit Exotenfaktor

Creamy Avocado-Smoothie

Für 2 Personen

10 Min.

100 g Mango • ½ Avocado • ½ gelbe Paprikaschote • frisch gepresster Saft von 1 Limette • Meersalz • frisch gemahlener schwarzer Pfeffer • Cayennepfeffer

- Mango schälen, Fruchtfleisch vom Stein schneiden und in Würfel schneiden. Das Avocadofruchtfleisch mit einem Löffel aus der Schale lösen. Paprika von Samen und Scheidewänden befreien und in Stücke schneiden.

- Alle Zutaten zusammen mit 300 ml Wasser in den Standmixer geben und fein pürieren. Mit Salz, Pfeffer und Cayennepfeffer abschmecken und in 2 große Gläser füllen.

Creamy Avocado-Smoothie

Grundrezept

Bulletproof Coffee

Für 2 Personen

5 Min.

2 Tassen aufgebrühter Kaffee oder 4 Tässchen Espresso • 1 TL–1 EL Butter • 1 TL–1 EL Kokosöl

- Kaffee, Butter und Kokosöl im Mixer oder mit einem Pürierstab mixen. In 2 große Becher füllen.

Variante Mit 1 EL Mandelmus statt des Kokosöls und 1 Prise Zimt bekommt der Kaffee eine tolle neue Geschmacksnote.

Tipp Mit wärmenden Gewürzen wie Zimt, Vanille oder Ingwer peppt man das starke Kaffeegetränk geschmacklich auf.

Tee-Power mit Gewürzen

Bulletproof Black Tea

Für 2 Personen

5 Min.

2 Tassen aufgebrühter schwarzer Tee • 1 EL Mandelmus • 1 Prise Zimt • 1 Prise gemahlene Vanille

- Tee, Mandelmus und Gewürze im Mixer oder mit einem Pürierstab mixen. In 2 große Becher füllen.

Variante Schmeckt auch mit Matcha- oder Roibuschtee.

» Bulletproof Coffee

Zitrusfrischer Grünkohlsaft

Zitrusgrün

Für 2 Personen

10 Min.

2 Orangen • 1 Zitrone • 1 cm frischer Ingwer • 4 Grünkohlstängel

- Orangen und Zitrone auspressen. Ingwer und Kohl entsaften.

- Orangen- und Zitronensaft mit dem entsafteten Ingwer und Grünkohl vermischen. In 2 große Gläser füllen.

Variante Wenn Sie keinen Entsafter besitzen, bereiten Sie die Zutaten wie oben beschrieben vor und pürieren sie mit 150 ml Wasser – so bekommen Sie einen Smoothie.

Fruchtig-erfrischender Saft

Bittersweet and fruity

Für 2 Personen

10 Min.

1 Grapefruit • 1 Limette • 1 Mango • 100 g frische Cranberrys

- Grapefruit und Limette auspressen. Die Mango schälen, das Fruchtfleisch vom Stein lösen und in Stücke schneiden.

- Mango und Cranberrys entsaften und den Saft mit Grapefruit- und Limettensaft vermischen. In 2 große Gläser füllen.

Variante Wenn Sie keinen Entsafter besitzen, bereiten Sie die Zutaten wie oben beschrieben vor und pürieren sie mit 150–200 ml Wasser – so bekommen Sie einen Smoothie.

Tipp Cranberries strotzen nur so von sekundären Pflanzenstoffen. Diese Stoffe wirken antibakteriell und antioxidativ. Sie haben eine zellschützende Wirkung und können freie Radikale neutralisieren. Die Beeren punkten mit einem großen Vitamin-C-Gehalt und reichlich Vitamin A.

Vitalisierend zum Frühstück

Matcha-Mandel-Latte

Für 2 Personen

5 Min. + 5 Min. Ziehzeit

500 ml Mandeldrink • 1 TL Agavendicksaft • 1 Prise Zimt • 1 Prise gemahlene Vanille • 2 TL Matchatee-Pulver

- Mandeldrink in einem Topf mit dem Agavendicksaft, Zimt und Vanille erhitzen.

- Das Matchatee-Pulver einrühren und den Drink etwa 5 Min. ziehen lassen.

- In 2 große Tassen füllen und heiß servieren.

Tipp Flüssigkeiten zum Aufbrühen von Matchatee sollten nicht kochend, sondern nur etwa 80 Grad heiß sein. So kann sich das Aroma besser entfalten.

Bananendrink mit Carob

Energyshake 2.0

Für 2 Personen

10 Min.

1 Banane • 1 EL Carobpulver • 1 TL Macapulver • 500 ml Mandeldrink • 4 EL Instant-Haferflocken • 1 EL Kokosblütenzucker

- Die Banane schälen und in kleine Stücke schneiden.

- Mit Carob- und Macapulver, Mandeldrink, Haferflocken und Zucker in den Standmixer geben und alles cremig pürieren. In 2 große Gläser füllen.

Tipp Carobpulver hat einen süßlichen, fruchtigen und karamellähnlichen Geschmack, der dem Kakao ähnelt, nur ohne die bittere Note. Es besteht aus Kohlenhydraten wie Stärke und natürlichem Zucker, Eiweiß und Ballaststoffen. Weil der Fettgehalt sehr niedrig ist, gilt Carob als kalorienarme Kakaoalternative. Darüber hinaus enthält Carob β-Carotine, Kalzium und Eisen. Durch den hohen Ballaststoffgehalt regt er die Verdauung an.

Mit Maca, Kurkuma und Zimt

Hot Almond

Für 2 Personen

5 Min. + 10 Min. Ziehzeit

500 ml Mandeldrink • 1 TL Agavendicksaft • 1 Prise Zimt • ½ TL gemahlene Kurkuma • 1 TL Macapulver

- Den Mandeldrink mit dem Agavendicksaft, den Gewürzen und dem Macapulver in einem Topf erhitzen.

- Den Drink etwa 10 Min. ziehen lassen. In 2 große Becher füllen und heiß servieren.

Tipp Kurkuma gibt dem Drink eine strahlende Optik und einen würzigen Geschmack.

Schokolade mit Maca und Chili

Scharfer Einheizer

Für 2 Personen

5 Min. + 10 Min. Ziehzeit

500 ml Kuhmilch oder Pflanzendrink • 2 EL stark entöltes Kakaopulver • 1 EL Honig • 1 Prise Cayennepfeffer • 1 TL Macapulver • ½ TL Kakaonips

- Die Milch mit Kakaopulver, Honig, Cayennepfeffer und Macapulver in einem Topf erhitzen. Den Drink etwa 10 Min. ziehen lassen.

- Drink in 2 große Becher füllen und mit den Kakaonips bestreut servieren.

Tipp Kakaonibs werden aus Rohkakaoschalen hergestellt und enthalten jede Menge Magnesium und Kalium.

» Hot Almond

Gesund-macher

Besonders in der kalten Jahreszeit ist es fast unvermeidlich: Die Nase tropft, die Bronchien rasseln und der Hals kratzt. Tja, sie hat uns mal wieder erwischt, die leidige Erkältung. Oder aber besonders stressige Zeiten machen sich in unserem Magen-Darm-System bemerkbar, wir leiden unter Blähungen, Bauchkrämpfen oder Durchfall. Nun muss das Immunsystem wieder auf Vordermann gebracht werden. Mit zahlreichen Kräutern, Gewürzen und Zutaten wie vitaminreichem Obst und Gemüse, Hafer und fermentierten Getränken mit Bakterienkulturen bauen wir die Darmflora wieder auf. Die Abwehrkräfte und das Immunsystem werden gestärkt und der Körper bei der Genesung unterstützt. So können Tinkturen, Tees und Säfte ganz gezielt Beschwerden lindern und die Gesundheit erhalten.

« Fruchtkefir, Seite 80

4 heilende Zutaten

Gojibeeren

Die herb-süßlichen roten Beeren sind reich an Vitamin C und B_1, Kalzium, Eisen und sekundären Pflanzenstoffen mit einem hohen Antioxidanziengehalt. Besonders ihr Eisengehalt ist wichtig für den Sauerstofftransport im Blut und die Leistungsfähigkeit des Körpers. Die asiatischen Beeren enthalten außerdem Zink, das für die Wundheilung und die Stärkung des Immunsystems wichtig ist. Darüber hinaus liefern die kleinen, meist getrocknet erhältlichen Beeren Polysaccharide, die die Immunabwehr verbessern können.

Heidelbeeren

Sie gehören zu den Früchten mit dem höchsten Antioxidanzienanteil. Dazu kommen reichlich Vitamin C, Carotinoide, Magnesium, Eisen und Vitamin B_6 – kein Wunder, dass sie zu den Superfoods gezählt werden. Insbesondere die dunkelblauen Farbpigmente, die Anthocyane, wirken entzündungshemmend und fangen freie Radikale ab. Wilde Früchte enthalten mehr von den wichtigen Nährstoffen als Zuchtbeeren. Wegen der Gerbstoffe, die die Vermehrung der Bakterien hemmen, helfen die getrockneten Beeren gegen Durchfall – das wusste schon Hildegard von Bingen.

Orangen

Die Zitrusfrüchte sind gut für die Abwehr und gehen Erkältungen an den Kragen. Orangen werden besonders wegen ihres hohen Gehalts an Vitamin C geschätzt, der 50 mg pro 100 g Frucht beträgt. Schon 2 Orangen decken damit den Tagesbedarf. Die im Fruchtfleisch enthaltenen Bioflavonoide schützen das Vitamin C vor der Oxidation und machen die Frucht damit noch gesünder. Orangen stärken nicht nur die Abwehrkräfte, sie kurbeln auch den Stoffwechsel an. Außerdem sind sie reich an Carotin und B-Vitaminen. Ihre Schale enthält ätherische Öle, den Ballaststoff Pektin und Vitamin E.

Ingwer

Ein Tee aus Ingwerscheiben, mit kochendem Wasser übergegossen, ist im Winter fast nicht zu toppen. Ingwertee wirkt wohltuend bei Erkältung, Husten oder Halsschmerzen. Die Knolle enthält ätherische Öle und Scharfstoffe, die für den frisch-scharfen Geschmack und die durchblutungsfördernde und kreislaufanregende Wirkung verantwortlich sind. Sie kann bei Verdauungsbeschwerden und gegen Übelkeit und bei Muskelschmerzen und Rheuma helfen. Für Menschen mit Bluthochdruck ist Ingwer in größeren Mengen nicht geeignet, da er den Blutdruck erhöhen kann.

Mit Äpfeln und Möhren

Kräuter-Vitamin-Shot

Für 6 Shots oder 2 Portionen à 300 ml

10 Min.

4 Möhren • 4 Äpfel • 4 frische Thymianzweige • 6 Salbeiblättchen • frisch gepresster Saft von 1 Zitrone • 1 TL Leinöl

- Möhren und Äpfel zusammen mit dem Thymian und Salbei entsaften.

- Mit Zitronensaft und Öl vermischen. In kleine Shotgläser füllen.

Tipp Die ätherischen Öle in Thymian und Salbei wirken antibakteriell, entzündungshemmend und schleimlösend. Besonders bei einem kleinen Kratzen im Hals sind diese Kräuter eine Wohltat.

Mit Papaya, Ingwer und Aloe Vera

Exotic Shot

Für 2 Personen

10 Min.

½ Papaya • 1 cm frischer Ingwer • 30 ml Aloe-Vera-Saft (Drogerie oder Reformhaus)

- Papaya und Ingwer schälen und klein schneiden.

- Papaya und Ingwer entsaften und mit Aloe-Vera-Saft vermischen. In kleine Gläser für Shots füllen.

Variante Wenn Sie keinen Entsafter besitzen, bereiten Sie die Zutaten wie oben beschrieben vor und pürieren sie mit 150–200 ml Wasser – so bekommen Sie einen Smoothie.

Tipp Aloe Vera spendet nicht nur viel Feuchtigkeit, sondern hilft auch bei Magen-Darm-Beschwerden. Vorsicht bei frischer Aloe Vera: Die Blattrinde der Pflanze enthält den Bitterstoff Aloin. Dieser kann abführend wirken und bei einer Überdosis schwerwiegende Folgen haben. Bei der Herstellung des Saftes werden diese Inhaltsstoffe entfernt.

Mit Äpfeln, Orangen und Roter Bete

Rund und gesund

Für 2 Personen
10 Min.

2 Orangen • 4 Äpfel • 3 Rote Bete • 1 Birne

- Orangen schälen und klein schneiden. Obst und Rote Bete nach Bedarf etwas kleiner schneiden.

- Alles entsaften und in 2 große Gläser füllen.

Tipp Rote Bete ist bestens für den Entsafter geeignet. Dazu brauchen Sie die Knollen nur zu putzen bzw. zu waschen und nicht zu schälen. Besonders in der Schale sitzen jede Menge Vitamine, Mineralstoffe und Spurenelemente.

Orangefarbener Vitaminsmoothie

From Dusk till Dawn

Für 2 Personen
10 Min.

1 Orange • 1 Kaki • 1 Möhre • 1 Handvoll Feldsalat • 1 TL Sesamöl

- Die Orange schälen und klein schneiden. Kaki und Möhre putzen und in Stücke schneiden.

- Den Feldsalat mit Orange, Kaki, Möhre und Öl sowie 250 ml Wasser in den Standmixer geben und fein pürieren. In 2 große Gläser füllen.

Variante Statt der Kaki können Sie auch Birne oder Melone verwenden.

Tipp Die Kaki ist besonders für in der kalten Jahreszeit eine tolle Powerfrucht, denn sie enthält reichlich Vitamin C, das unsere Abwehrkräfte stärkt. Das enthaltene Vitamin A fördert unsere Sehkraft und wirkt zellschützend.

Auf Apfelessig-Basis

Thymian-Tinktur

Für ca. 200 ml

5 Min. + Ziehzeit

1 großes Bund frische Thymianzweige • 200 ml Apfelessig

- Ein sauberes Gefäß mit Schraubdeckel (200 ml Volumen) mit den gewaschenen Thymianzweigen gut füllen. Mit Apfelessig bedecken. Zuschrauben und an einem kühlen, dunklen Ort 6 Tage bis 2 Monate ziehen lassen. Regelmäßig schütteln.

- Den Glasinhalt durch ein Mull- oder Leintuch geben und die Tinktur auffangen. Die Kräuter ausdrücken. Tinktur in eine dunkle Flasche füllen und mit Datum und Inhalt beschriften.

Tipp Die ätherischen Öle des Thymians wirken antibakteriell, antibiotisch, entzündungshemmend, schleim- und krampflösend. Besonders bei Husten und Magenproblemen anzuwenden. Aber auch bei Halsschmerzen: 1 EL Thymian-Apfelessig-Tinktur mit 1 EL Honig und 200 ml warmem Wasser vermischen. Die Mischung trinken oder gurgeln.

Blumige Helfer

Ringelblumen-Kamillen-Tinktur

Für ca. 250 ml

5 Min. + Ziehzeit

25 g getrocknete Ringelblumen (Apotheke) • 25 g getrocknete Kamillenblüten (Apotheke) • 250 ml Apfelessig

- Ein sauberes Gefäß mit Schraubdeckel (200 ml Volumen) mit den getrockneten Blüten füllen und mit Apfelessig bedecken. Zuschrauben und an einem kühlen, dunklen Ort 6 Tage bis 2 Monate ziehen lassen. Regelmäßig schütteln.

- Glasinhalt durch ein Mull- oder Leintuch geben und die Tinktur auffangen. Die Blüten ausdrücken. Tinktur in eine dunkle Flasche füllen und mit Datum und Inhalt beschriften.

Tipp Bei Magenbeschwerden 1 EL Tinktur mit 1 EL Honig und 200 ml Wasser vermischen, dann langsam trinken. Übrigens: Manche Kräuterprodukte, die für die meisten Menschen wohltuend sind, können für andere schädlich sein. Lassen Sie sich von Ihrem Arzt beraten.

» Thymian-Tinktur

Lindert Halsweh

Salbei-Thymian-Tee

Für 2 Personen

5 Min. + 10 Min. Ziehzeit

2 cm frischer Ingwer • 4 Salbeiblättchen • 3 Thymianzweige • 1 EL Honig

- Ingwer in Scheiben schneiden. 500 ml Wasser zum Kochen bringen. Kräuter, Honig und Ingwer damit aufgießen und ca. 10 Min ziehen lassen.

- Durch ein feines Sieb geben und den Tee in 2 großen Tassen oder Gläsern heiß servieren.

Tipp Die Bitterstoffe und ätherischen Öle des Salbeis unterstützen die Galle bei ihrer Arbeit und verbessern so die Fettverdauung. Zudem wirkt Salbei antibakteriell und entzündungshemmend. Trinken Sie den Tee noch heiß in kleinen Schlucken oder verwenden Sie ihn zum Gurgeln.

Für guten Schlaf und entspannten Geist

Good Mood Tea

Für 2 Personen

5 Min. + 10 Min. Ziehzeit

2 Salbeizweige • 1 TL getrocknete Lavendelblüten • 1 TL Kakaonips • 1 kleine Zimtstange • ¼ TL gemahlene Vanille • 1 EL Honig

- 500 ml Wasser zum Kochen bringen. Kräuter, Kakaonips und Gewürze damit aufgießen und ca. 10 Min ziehen lassen.

- Durch ein feines Sieb gießen, in 2 große Tassen oder Gläser füllen, den Honig unterrühren und heiß servieren.

Tipp Verwenden Sie nur Lavendelblüten aus dem Bio-Laden oder Gewürzhandel. Diese sind zum Verzehr geeignet.

» Good Mood Tea

Mit Sanddorn, Zitrone und Ingwer

Vitamin-C-Power

Für 2 Personen
5 Min. + 10 Min. Ziehzeit

250 ml Apfelsaft • 250 ml Kirschsaft • 2 cm frischer Ingwer • 50 ml Sanddornsaft • 1 EL frisch gepresster Zitronensaft • 1 EL Honig

- Apfel- und Kirschsaft zusammen in einem Topf erhitzen. Ingwer schälen und in Scheiben schneiden.

- Ingwer, Sanddornsaft, Zitronensaft und Honig in den Topf geben. Punsch etwa 10 Min. ziehen lassen und heiß servieren.

Tipp Die Sanddornbeeren gehören zu den heimischen Superfoods und haben mit bis zu 800 mg Vitamin C pro 100 g zehnmal mehr Vitamin C als Zitronen. So wirken die kleinen Früchte besonders abwehrstärkend.

Ballaststoffe für die Verdauung

Soothie Smoothie

Für 2 Personen
15 Min.

400 ml Mandeldrink • 1 Prise Zimt • 1 Prise gemahlene Kurkuma • 1 Prise gemahlene Vanille • ½ Apfel • ½ Birne • 4 EL zarte Haferflocken • 2 getrocknete Datteln ohne Stein • 2 TL Gojibeeren

- Mandelmilch mit Zimt, Kurkuma und Vanille in einem kleinen Topf erhitzen. Apfel und Birne klein schneiden, zusammen mit Haferflocken und Datteln in den Topf geben und erwärmen.

- Topfinhalt in den Standmixer geben und fein pürieren. Gojibeeren hacken. Den Smoothie in 2 Gläser füllen und mit den Gojibeeren bestreut servieren.

Tipp Durch die Wärme und die Gewürze bekommen Magen und Darm ein Wohlgefühl und die Haferflocken sind noch besser verdaulich.

» Soothie Smoothie

Fitness-booster

Wer Sport treibt, ist mit isotonischen Getränken, Smoothies und Shakes von Anfang bis Ende bestens versorgt: Zur Vorbereitung Energie tanken, danach die Muskeln mit Nahrung versorgen – für alles ist gesorgt. Smoothies sind durch ihre dickflüssige Konsistenz gut verdaulich und die Nährstoffe vom Körper gut aufzunehmen. Die für die Verdauung eingesparte Energie kann der Körper für Regeneration, Zellerneuerung und Muskelaufbau einsetzen. Für intensive, aber kurze Trainingseinheiten bis zu 1 Stunde sollte ein Drink schnell Energie zur Verfügung stellen und gut verdaulich sein. Für längere Trainingseinheiten ist eine Kombination aus komplexen Kohlenhydraten, leicht verdaulichen Fetten und Eiweiß ideal. Das steigert die Ausdauer und versorgt die Muskulatur mit einem lang anhaltenden Energieschub.

« Kirschküsschen, Seite 89

4 Booster-Zutaten

Hüttenkäse

Körniger Frischkäse, auch Hüttenkäse genannt, ist bei Sportlern sehr beliebt. Er besitzt jede Menge hochwertiges Eiweiß, was insbesondere für den Muskelaufbau wichtig ist. Ein Shake oder Snack mit Hüttenkäse nach dem Training versorgt die Muskulatur gleich mit der passenden Nahrung für den Muskelaufbau. Insbesondere das enthaltene Kalzium ist für Sportler wichtig, denn Kalzium ist – wie Magnesium auch – für die Nervenreiz-Übertragung und die Muskelkontraktion nötig.

Kirschen

Kirschen und deren Saft sind ein idealer Sportsnack. Sie können Muskelkater und Muskelschäden vorbeugen und lindern. Ihre Schutzwirkung ist auf entzündungshemmende Stoffe zurückzuführen, die entzündungsanregende Substanzen reduzieren können. Verantwortlich dafür ist der rote Pflanzenfarbstoff Anthocyan. Mit 65 Kalorien pro 100 g sind die Früchtchen ein ebenso leichter wie gesunder Genuss. Zudem besteht das Steinobst zu 80 Prozent aus Wasser. Noch ein paar gute Gründe, zur Kirschenzeit ordentlich zuzugreifen: viel Eisen, Vitamin B_1, B_2, B_6 und C sowie Folsäure und β-Carotin.

Kokoswasser

Kokoswasser ist die klare Flüssigkeit aus unreifen, grünen Kokosnüssen. Im Gegensatz zur cremigen weißen Kokosmilch ist das Kokoswasser fast fettfrei und sehr kalorienarm. Gerade einmal 15 kcal sind in 100 ml enthalten. Durch den Gehalt an Elektrolyten wie Kalium, Magnesium, Kalzium und Natrium in ähnlicher prozentualer Zusammensetzung, wie sie auch im Blut vorkommt, gilt das exotische Wasser auch als isotonisches Getränk. Das macht es zu dem idealen Durstlöscher während oder nach dem Sport. So kann es mit den üblichen Sportgetränken absolut mithalten und lecker erfrischen.

Bananen

Die Banane ist eine echte Sportskanone. In ihr ist alles enthalten, was mit Energie und Nährstoffen versorgt. Die Ballaststoffe lassen die reichlich enthaltenen Kohlenhydrate nur langsam ins Blut gehen. Daneben enthält die Frucht reichlich Kalium, Magnesium und Vitamin B_6. Kalium wirkt positiv auf Nerven und Herz. Magnesium entspannt die Muskeln, nötig besonders nach dem Sport. Zudem ist der Mineralstoff am Stoffwechsel von Eiweiß, Fett und Kohlenhydraten beteiligt und wird zum Aufbau von Muskel-, Nerven- und Knochenzellen benötigt. Vitamin B_6 sorgt für starke Nerven.

Schokoladig-nussiger Shake

Soja-Power

Für 2 Personen

10 Min.

300 ml ungesüßter Sojadrink • 2 EL Sojaeiweiß • 2 EL Erdnussmus • 2 getrocknete Datteln ohne Stein • 1 EL Kakaonips

● Alle Zutaten in den Standmixer geben und pürieren. In 2 große Gläser füllen.

Variante Auch lecker mit Cashew- oder Mandelmus.

Tipp Die Sojabohne ist ein echtes Fit-Lebensmittel: Neben dem hohen Eiweißgehalt punktet sie mit reichlich B-Vitaminen, Vitamin E, Folsäure und Zink. Besonders die Mineralstoffe Kalzium, Kalium, Eisen und Magnesium wirken sich positiv auf Knochen, Muskeln und den Elekrolythaushalt aus. Säuglinge und Kleinkinder sollten jedoch keine Sojaprodukte bekommen, da in den Bohnen hormonähnliche sekundäre Pflanzenstoffe enthalten sind. Diese Phytoöstrogene können bei einer hohen Aufnahme einen Einfluss auf die weiblichen Geschlechtsorgane haben.

Würziger Drink mit Olivenöl

Low Carb Kick

Für 2 Personen

10 Min.

1 gelbe Paprikaschote • 1 Handvoll Basilikum • 150 g Joghurt • 1 EL Olivenöl • Meersalz • frisch gemahlener schwarzer Pfeffer

● Paprika putzen und klein schneiden. Mit Basilikum, Joghurt, Olivenöl, Salz, Pfeffer und 200 ml Wasser in den Standmixer geben und alles pürieren. In 2 große Gläser füllen.

Tipp Auch mit Gurke oder Zucchini schmeckt der Drink toll.

» Low Carb Kick

Shake mit Quark und Hafer

Liquid Müsli

Für 2 Personen

10 Min.

200 g Wassermelonen-Fruchtfleisch • 150 g Magerquark • 200 ml Milch • 40 g zarte Haferflocken • 1 EL Leinsamen • 1 Msp. gemahlene Vanille

● Melonenfruchtfleisch klein schneiden. Mit Quark, Milch, Haferflocken, Leinsamen und Vanille in den Standmixer geben und alles cremig pürieren. In 2 große Gläser füllen.

Variante Auch mit Joghurt, Kefir oder Buttermilch kann der Fitness-Drink zubereitet werden.

Tipp Leinsamen gehören zu den Local Superfoods und zeichnen sich durch einen hohen Gehalt an Omega-3-Fettsäuren und Ballaststoffen aus. Fettsäuren wirken herzschützend und entzündungshemmend. Die Ballaststoffe sättigen gut und lassen die Kohlenhydrate der Haferflocken nur langsam ins Blut fließen. Das versorgt uns kontinuierlich mit Energie, z. B. für Ausdauersport.

Soja-Shake mit Leinsamen

Himmlische Himbeere

Zutaten für 2 Personen

10 Min.

200 g Himbeeren (TK oder frisch) • 500 ml ungesüßter Sojadrink • 60 g zarte Haferflocken • 2 TL geschroteter Leinsamen • 1 EL Apfeldicksaft

● TK-Himbeeren auftauen. Himbeeren mit Sojadrink, Haferflocken, Leinsamen und Apfeldicksaft in den Standmixer geben und alles cremig pürieren. In 2 große Gläser füllen.

Tipp Leinsamen enthalten neben Ballaststoffen und Omega-3-Fettsäuren auch reichlich B-Vitamine, Vitamin E und Folsäure.

» Himmlische Himbeere

Isotonische Schorle 1

Minzige Apfelschorle

Für 2 Personen

10 Min.

¼ Bio-Salatgurke • 200 ml Apfelsaft • 2 Minzestängel • 1 EL frisch gepresster Zitronensaft • 1 Prise Meersalz • 1 TL Traubenzucker

● Gurke klein schneiden. Mit Apfelsaft, Minze, Zitronensaft, Salz, Traubenzucker und 400 ml Wasser in den Standmixer geben und alles pürieren. In 2 große Gläser füllen.

Tipp Hier reichert die Gurke den Drink mit reichlich Mineralstoffen an. Damit gleicht er den Elektrolythaushalt aus.

Isotonische Schorle 2

Kokos-Apfel-Schorle

Für 2 Personen

10 Min.

1 Apfel • 400 ml Kokoswasser • 1 EL frisch gepresster Limettensaft • 1 Prise Meersalz • 1 TL Traubenzucker

● Apfel klein schneiden. Mit Kokoswasser, Limettensaft, Salz und Traubenzucker in den Standmixer geben und alles pürieren. In 2 große Gläser füllen.

Variante Statt dem Apfel können auch 200 ml Apfelsaft verwendet werden.

Tipp Der Fruchtzucker, auch Glukose genannt, ist ein Einfachzucker, der ohne Umwege ins Blut gelangt. So wird der Körper blitzschnell mit Energie versorgt und man kann beim Sport so richtig auftrumpfen.

Mit Zitrone und Ingwer

Isotonische Gemüsebrühe

Für 2 Personen

10 Min.

1 cm frischer Ingwer • 400 ml Gemüsebrühe (siehe Grundrezept, Seite 15) • frisch gepresster Saft von ½ Zitrone • 1 TL Traubenzucker

- Ingwer schälen und fein hacken. Die Brühe zusammen mit 200 ml Wasser erhitzen und den Ingwer damit aufgießen. Circa 5 Minuten ziehen lassen.

- Die Brühe durch ein Sieb geben und mit Zitronensaft und Traubenzucker verrühren.

Variante Das ist mal eine herzhafte Variante des Sportgetränks. Sie kann auch mit Fleischbrühe zubereitet werden.

Für den Nachheizeffekt

Cherry Melon

Für 2 Personen

10 Min.

1 cm frischer Ingwer • 200 g Kirschen (TK oder frisch) • 100 g Wassermelone • 1 Basilikumstängel • 1 Msp. Cayennepfeffer

- Ingwer schälen und fein hacken. TK-Kirschen auftauen, frische Kirschen entsteinen. Wassermelone in Stücke schneiden.

- Kirschen mit Ingwer, Melone, Basilikum, Cayennepfeffer und 200 ml Wasser in den Standmixer geben und alles pürieren. In 2 große Gläser füllen.

Tipp Kirschen und Melone wirken sich positiv auf die Muskelkraft und Regeneration nach dem Training aus. Wirkstoffe wie der rote Pflanzenfarbstoff Anthocyan aus den Kirschen und die Aminosäure L-Citrullin aus der Melone verhindern Muskelschäden und verringern Entzündungen.

Früchtesmoothie mit Feldsalat

Mandel-Banane

Für 2 Personen

10 Min.

1 Banane • 1 Apfel • 1 Handvoll Feldsalat • 4 EL Instant-Haferflocken • 1 EL Mandelmus • 1 TL frisch gepresster Zitronensaft

- Banane schälen und klein schneiden. Apfel in Stücke schneiden und entkernen.

- Beides mit allen anderen Zutaten und 250 ml Wasser in den Standmixer geben und fein pürieren. In 2 große Gläser füllen.

Variante Statt mit Mandelmus schmeckt der Drink auch mit Cashewmus oder Magerquark.

Fruchtsmoothie

Weizengras exotic

Für 2 Personen

10 Min.

2 Kiwis • 1 Banane • ½ Bio-Salatgurke • 2 Korianderstängel • 2 TL Weizengraspulver • 1 TL Chiasamen

- Die Kiwis und die Banane schälen und in Stücke schneiden. Gurke und Koriander ebenfalls klein schneiden.

- Alle Zutaten mit 400 ml Wasser in den Standmixer geben und fein pürieren. In 2 große Gläser füllen.

Variante Statt Kiwi und Gurke passen hier auch 2 Stangen Sellerie und 100 g Wassermelone gut.

» Weizengras exotic

Register nach Zubereitung

Aromatisiertes Wasser
- Basilikum-Ananas-Wasser 14
- Blaues Lavendelwasser 14
- Erdbeer-Minz-Wasser 14
- Granatapfel-Salbei-Wasser 14
- Melonen-Thymian-Wasser 14
- Zitronen-Ingwer-Wasser 14

Brühe
- Cleaning Broth 51
- Cold Brew 15
- Grundrezept 13
- Hot Hühnerbrühe 80
- Isotonische Gemüsebrühe 95

Fermentierte Getränke
- Milchkefir 21
- Wasserkefir 22

Kaffeegetränke
- Bulletproof Coffee 64
- Cold Brew 15

Saft
- Abwehrpunsch 81
- Basenbecher 32
- Bittersweet and fruity 66
- Immun-Fighter 81
- Querbeet 50
- Rund und gesund 75
- Scharfmacher 50
- Sweet Herby 48
- Vitamin-C-Power 82

Schorlen
- Kokos-Apfel-Schorle 94
- Minzige Apfelschorle 94

Shake
- Ananas-Kokos-Kefir 40
- Cherry Melon 95
- Energyshake 2.0 67
- Fruchtkefir 80
- Himmlische Himbeere 92
- Hot Almond 68
- Kefir macht blau 40
- Kirschküsschen 89
- Liquid Müsli 92
- Mineralstoffe to go 88
- Scharfer Einheizer 68
- Soja-Power 90

Shots
- Exotic Shot 74
- Firestarter 39
- Green Power Shot 61
- Ingwer-Granatapfel-Shot 60
- Kräuter-Vitamin-Shot 74
- Orangen-Guarana-Shot 60

Smoothie
- Avocado-Matcha-Smoothie 89
- Beerige Erfrischung 51
- Creamy Avocado-Smoothie 62
- Dunkle Macht 34
- From Dusk till Dawn 75
- Glowing Fruits 31
- Kale 'n' Pear 31
- Low Carb Kick 90
- Mandel-Banane 96
- Molken-Booster 46
- Muskelkaterkiller 88
- Nussiger Bananen-Smoothie 62
- Papaya-Himbeere 47
- Soothie Smoothie 82
- Stoffwechselkick 46
- Very Chia-Berry 47
- Weizengras exotic 96

Suppe
- Greenie Cappuccini 54
- Lecker vom Löffel 36
- Spicy Soup 54

Tee
- Bulletproof Black Tea 64
- Good Mood Tea 78
- Ingwer-Nessel-Tässchen 30
- Knollenpower 32
- Kraut für Kraut 30
- Salbei-Thymian-Tee 78

Tinkturen
- Ringelblumen-Kamillen-Tinktur 76
- Thymian-Tinktur 76

Warme Drinks
- Abwehrpunsch 81
- Bulletproof Black Tea 64
- Bulletproof Coffee 64
- Hot Almond 68
- Matcha-Mandel-Latte 67
- Soothie Smoothie 82
- Süßer Seelenwärmer 52
- Vitamin-C-Power 82
- Wellnessmilch 36

Zutatenregister

A

Aktivkohle
- Dark but fruity 34
- Dunkle Macht 34

Ananas
- Ananas-Kokos-Kefir 40
- Basilikum-Ananas-Wasser 14
- Brokkoli-Ananas 38
- Glowing Fruits 31
- Green Power Shot 61
- Pink-Power-Saft 61

Äpfel
- Aloa Aloe 38
- Basenbecher 32
- Brokkoli-Ananas 38
- Dark but fruity 34
- Kokos-Apfel-Schorle 94
- Kräuter-Vitamin-Shot 74
- Mandel-Banane 96
- Molken-Booster 46
- Pink-Power-Saft 61
- Querbeet 50
- Rund und gesund 75
- Soothie Smoothie 82

Apfelsaft
- Abwehrpunsch 81
- Minzige Apfelschorle 94
- Vitamin-C-Power 82

Avocado
- Avocado-Matcha-Smoothie 89
- Creamy Avocado-Smoothie 62
- Molken-Booster 46

B

Bananen
- Avocado-Matcha-Smoothie 89
- Energyshake 2.0 67
- Mandel-Banane 96
- Mineralstoffe to go 88
- Muskelkaterkiller 88
- Nussiger Bananen-Smoothie 62
- Weizengras exotic 96

Beeren
- Beerige Erfrischung 51
- Blaues Lavendelwasser 14
- Dunkle Macht 34
- Erdbeer-Minz-Wasser 14
- Himmlische Himbeere 92
- Kefir macht blau 40
- Papaya-Himbeere 47
- Very Chia-Berry 47

Birnen
- Dark but fruity 34
- Kale ’n’ Pear 31
- Rund und gesund 75
- Soothie Smoothie 82
- Sweet Herby 48

Brokkoli
- Brokkoli-Ananas 38
- Green Power Shot 61

Brühe
- Cleaning Broth 39

Buttermilch
- Beerige Erfrischung 51
- Lecker vom Löffel 36

C

Cranberry
- Bittersweet and fruity 66

E

Erbsen
- Greenie Cappuccini 54

F

Feldsalat
- Basenbecher 32
- From Dusk till Dawn 75
- Mandel-Banane 96

Fermentierte Getränke
- Kombucha 22
- Milchkefir 21
- Wasserkefir 22

G

Gewürze
- Bulletproof Black Tea 64
- Cleaning Broth 39
- Firestarter 39
- Good Mood Tea 78
- Grundrezept Brühe 13
- Hot Almond 68
- Matcha-Mandel-Latte 67
- Scharfer Einheizer 68
- Soothie Smoothie 82
- Süßer Seelenwärmer 52
- Wellnessmilch 36

Granatäpfel
- Granatapfel-Salbei-Wasser 14
- Ingwer-Granatapfel-Shot 60

Grapefruit
- Bittersweet and fruity 66
- Immun-Fighter 81

Grünkohl
- Dark but fruity 34
- Dunkle Macht 34
- Kale ’n’ Pear 31
- Zitrusgrün 66

Gurken
- Aloa Aloe 38
- Basenbecher 32
- Brokkoli-Ananas 38
- Glowing Fruits 31
- Gurken-Zitronenmelisse-Wasser 14
- Lecker vom Löffel 36
- Minzige Apfelschorle 94
- Molken-Booster 46
- Querbeet 50
- Sweet Herby 48
- Weizengras exotic 96

H

Hüttenkäse
- Mineralstoffe to go 88

J

Joghurt
- Low Carb Kick 90

K

Kaffeegetränke
- Bulletproof Coffee 64
- Cold Brew 15

Kefir
- Ananas-Kokos-Kefir 40
- Fruchtkefir 80
- Milchkefir 21
- Wasserkefir 22

Kirschen
- Cherry Melon 95
- Kirschküsschen 89
- Mineralstoffe to go 88
- Muskelkaterkiller 88

Kombucha 22
- Nussiger Bananen-Smoothie 62

Kräuter
- Basilikum-Ananas-Wasser 14
- Cleaning Broth 39, 51
- Erdbeer-Minz-Wasser 14
- Good Mood Tea 78
- Granatapfel-Salbei-Wasser 14
- Grundrezept Brühe 13
- Gurken-Zitronenmelisse-Wasser 14
- Ingwer-Nessel-Tässchen 30
- Kräuter-Vitamin-Shot 74
- Kraut für Kraut 30
- Low Carb Kick 90
- Melonen-Thymian-Wasser 14
- Ringelblumen-Kamillen-Tinktur 76
- Salbei-Thymian-Tee 78
- Sweet Herby 48
- Thymian-Tinktur 76
- Weizengras exotic 96

M

Mango
- Bittersweet and fruity 66
- Creamy Avocado-Smoothie 62
- Scharfmacher 50
- Stoffwechselkick 46

Möhren
- Basenbecher 32
- From Dusk till Dawn 75
- Ingwer-Granatapfel-Shot 60
- Kräuter-Vitamin-Shot 74
- Molken-Booster 46
- Querbeet 50
- Scharfmacher 50

Molke
- Glowing Fruits 31
- Kirschküsschen 89
- Molken-Booster 46

N

Nüsse/Mandeln
- Energyshake 2.0 67
- Hot Almond 68
- Matcha-Mandel-Latte 67
- Scharfer Einheizer 68
- Soothie Smoothie 82
- Süßer Seelenwärmer 52
- Wellnessmilch 36

O

Orangen
- Abwehrpunsch 81
- Avocado-Matcha-Smoothie 89
- Dark but fruity 34
- From Dusk till Dawn 75
- Fruchtkefir 80
- Glowing Fruits 31
- Kale 'n' Pear 31
- Molken-Booster 46
- Orangen-Guarana-Shot 60
- Rund und gesund 75
- Zitrusgrün 66

Orangensaft
- Abwehrpunsch 81
- Fruchtkefir 80
- Papaya-Himbeere 47

P

Papaya
- Exotic Shot 74
- Papaya-Himbeere 47

Q

Quark
- Liquid Müsli 92
- Muskelkaterkiller 88
- Very Chia-Berry 47

Liebe Leserin, lieber Leser,

hat Ihnen dieses Buch weitergeholfen? Für Anregungen, Kritik, aber auch für Lob sind wir offen. So können wir in Zukunft noch besser auf Ihre Wünsche eingehen. Schreiben Sie uns, denn Ihre Meinung zählt!

Ihr TRIAS Verlag

E-Mail-Leserservice
kundenservice@trias-verlag.de

Lektorat TRIAS Verlag
Postfach 30 05 04
70445 Stuttgart
Fax: 0711 89 31-748

R

Rote Bete
- Dunkle Macht 34
- Pink-Power-Saft 61
- Querbeet 50
- Rund und gesund 75

S

Sellerie
- Sweet Herby 48

Smoothie
- Creamy Avocado-Smoothie 62
- Dunkle Macht 34
- Molken-Booster 46
- Nussiger Bananen-Smoothie 62

Soja
- Himmlische Himbeere 92
- Soja-Power 90

Spinat
- Aloa Aloe 38
- Stoffwechselkick 46

T

Tomaten
- Firestarter 39
- Scharfmacher 50
- Spicy Soup 54

W

Wassermelone
- Cherry Melon 95
- Liquid Müsli 92
- Melonen-Thymian-Wasser 14

Z

Zitronen-Ingwer-Wasser 14

Bibliografische Information der Deutschen Nationalbibliothek
Die Deutsche Nationalbibliothek verzeichnet diese Publikation in der Deutschen Nationalbibliografie; detaillierte bibliografische Daten sind im Internet über http://dnb.d-nb.de abrufbar.

Programmplanung: Uta Spieldiener
Redaktion: Bettina Snowdon, Hamburg
Bildredaktion: Christoph Frick

Umschlaggestaltung und Layout:
CYCLUS Visuelle Kommunikation, Stuttgart

Bildnachweis:
Umschlagfoto und Fotos im Innenteil:
Gunda Dittrich, Wien
Food-Styling: Elke Hübner, Wien

1. Auflage 2017

Printed in Germany

Satz und Repro: Fotosatz Buck, Kumhausen
Gesetzt in Adobe InDesign CS6
Druck: AZ Druck und Datentechnik GmbH, Kempten

Gedruckt auf chlorfrei gebleichtem Papier

ISBN 978-3-432-10242-9

Auch erhältlich als E-Book:
eISBN (PDF) 978-3-432-10243-6
eISBN (ePub) 978-3-432-10244-3

1 2 3 4 5 6

Wichtiger Hinweis: Wie jede Wissenschaft ist die Medizin ständigen Entwicklungen unterworfen. Forschung und klinische Erfahrung erweitern unsere Erkenntnisse. Ganz besonders gilt das für die Behandlung und die medikamentöse Therapie. Bei allen in diesem Werk erwähnten Dosierungen oder Applikationen, bei Rezepten und Übungsanleitungen, bei Empfehlungen und Tipps dürfen Sie darauf vertrauen: Autoren, Herausgeber und Verlag haben große Sorgfalt darauf verwandt, dass diese Angaben dem Wissensstand bei Fertigstellung des Werkes entsprechen. Rezepte werden gekocht und ausprobiert. Übungen und Übungsreihen haben sich in der Praxis erfolgreich bewährt.

Eine Garantie kann jedoch nicht übernommen werden. Eine Haftung des Autors, des Verlags oder seiner Beauftragten für Personen-, Sach- oder Vermögensschäden ist ausgeschlossen.

Geschützte Warennamen (Warenzeichen®) werden nicht besonders kenntlich gemacht. Aus dem Fehlen eines solchen Hinweises kann also nicht geschlossen werden, dass es sich um einen freien Warennamen handelt.